KB126035

열 번쯤은
만나야
틈이 생깁니다

열 번쯤은 만나야 틈이 생깁니다

초판 1쇄 | 2023년 10월 20일 펴냄

지은이 | 홍성훈, 박송아, 소재웅

북디자인 | 루디아153

펴낸 곳 | 도서출판 훈훈
주소 | 경기도 고양시 덕양구 소원로267
이메일 | toolor@hanmail.net
홈페이지 | blog.naver.com/toolor
인스타그램 | @hunhun_hunhun

세 사람이 장애를 이야기하고
작은 틈을 내며
새로운 길을 모색하다

열 번쯤은 만나야 틈이 생깁니다

홍성훈

박송아

소재웅

흔흔

<추천사 1>

    책을 읽으며 저자들의 대화에 빠져든다는 느낌을 받았습니다. 글을 읽어 내려가다보니 마치 세 분이 대화하고 있는 삼각형 모양의 그 곁에 앉아 함께 "아, 그렇군요. 그러셨군요"와 "맞아요 저도 그랬어요"를 번갈아 말하며 고개를 끄덕이고 맞장구를 치는 느낌입니다. 세 분의 작가가 열 번을 만나며 만들어낸 삼각형의 틈 이곳 저곳에 이제 독자들이 들어가 자리를 잡고 동그라미가 되어갈 것 같은 기대가 생깁니다.

    이 책은 나와 다른 세계를 살아가는 누군가의 세상에 대해 감정적 공감을 넘어서 인지적인 공감, 진정한 이해로 나아가게 합니다. 이 책의 내용은 지식적으로도 유익하지만, 그 이상의 의미가 있습니다. 그건 바로, 작가분들이 만들어낸 이 소중한 틈이 우리에게 '그들'이라고 여겨졌던 수많은 이들에 대한 인지적 공감을 하게 만들며, 더이상 '그들'이 아닌 '우리'라고 생각하게 되는 사회지능을 높여주는 경지에 이르게 할 거라는 점입니다.

    내 가까이의 누군가를, 더 많은 이들을, 어쩌면 나 자신을 깊게 이해하고 싶은 여러분에게 <열 번쯤은 만나야 틈이 생깁니다>를 추천합니다.

이지선 교수(이화여자대학교 사회복지학과)

<추천사 2>

천안농인교회 주일예배에 참석했습니다. 설립 34주년 되는 천안서부교회 예배당 1층에서 예배를 드렸습니다. 주일예배에 10명 정도 모이는 것 같습니다. 마이크와 반주가 없는 묵음 예배였습니다. 충격이 없지 않았습니다. 소리 없는 찬송이 처음이기에 당황스러웠습니다. 그래도 우리 부부는 용기를(?) 내어 입을 열고 소리내어 노래하기 시작했습니다. 묵음 예배에 입으로 하는 찬송이 어색했지만 조화를 이룰 수 있었습니다. 목사의 수어 찬양에 박자를 잘 맞추어 눈치껏 한마음으로 찬송했습니다. 설교는 동역하는 통역자가 있어 이해할 수 있었습니다.

<열 번쯤은 만나야 틈이 생깁니다>에는 우리의 예상을 뛰어넘는 이야기가 등장합니다. 실제로 장애인이 겪는 삶의 어려움은, 엄격히 말해 우리들 가공의 상상을 훨씬 초월합니다.

저의 딸이 농인이 된지 32년이 되었지만, 아빠인 나는 단 두 번 농인예배에 참석하였습니다. 한 번은 설교자로, 한 번은 예배자로 참석하였습니다. 두 번의 농인예배 참석은 저에게 상당한 충격을 주었습니다. 그런데 예배 후 마음은 뿌듯했고, 감사했습니다. 무엇보다 온 교인이 저희를 기뻐하며 환영했습니다. 순간 예수님이 기뻐하신다는 마음에 감사했습니다.

독자들이 <열 번쯤은 만나야 틈이 생깁니다>를 읽으며 평소와는 전혀 다른 마음으로 예수님을 기억하기를 기대합니다. 그것은 곧 '예수따르미로서의 마음가짐'일 것입니다. 또한 이 책이 독자들로 하여금 '익숙한 상상', 어쩌면 내 마음대로 그려놓았던 장애인에 대한 상상과 이별을 하게 만드는 역할을 충실히 감당하길 기대합니다.

주도홍 교수(전 백석대 부총장)

<추천사 3>

'나'의 이야기를 다른 이에게 솔직하게 터놓는 것은 결코 쉬운 일이 아니다. 사회적으로 치부라고 여겨지는 사정들은 더더욱 그렇다. 그렇지만 우리는 나를 외치는 것을 그만둬서는 안 된다. 아무도 우리의 입을 막을 수 없다. 우리의 이야기가 수많은 나-들에게 닿아 변화를 불러일으킬 것이다. 나를 드러내기 위해선 나와 마주해야 한다. 내 안의 모순과 이중성을 인정하고 어떻게 더불어 살아갈 것인지 고민해야 한다.

이 책의 저자들은 장애를 주제로 반 년 동안 대화하며 서로를 들여다보았다. 당연하다고 생각한 것들에 관해 의문을 품었다. 저마다 당면한 문턱은 다르지만, 누구도 단정 짓지 않으며 새로운 공동체를 꿈꾸고 있다. 대화는 틈을 만든다. 이 세상에 작은 균열을 낸다. '이방인'은 변방에서 변화를 몰고 온다. 장애는 정상성에 저항하는 실존의 방식이자 몸의 다름을 인정하는 통로이다. 세 사람의 대화에 자유롭게 끼어들면서 우리 사회의 견고한 편견을 향해 더 많은 질문을 던지자.

우리는, 존재할 권리가 있다.

최지인 시인

프롤로그

장애는 사실 모든 이에게 열린 가능성임에도 불구하고 지금까지의
인식은 특정한 누군가에게만 국한되고, 무언가 절망적이고, 그래서 극복해
야 할 대상이었던 것 같다. 하지만 나 같은 경우 장애는 극복해봐야 떠나지
도 않을, 내 몸의 일부였다. 애를 쓰면 쓸수록 더 악착같이 달라붙는 존재였
던 것이다. 몸의 자유롭지 않음을 극복하려 해봐도 돌아오는 건 무너진 어
깨와 찢어진 연골이었다. 지금도 어깨의 통증으로 고생한다. 근 20여 킬로
를 들고 크러치를 짚으며 젊은 시절 싸돌아다닌 결과다. 남들은 정신력이
어쩌니 해도 내게는 더 깊은 통증만 가져다 준 것이다.

예순을 일곱 해나 넘긴 지금, 장애는 더 이상 극복의 대상이 아니
다. 나와 다른 객체가 아니란 뜻이다. 그냥, 인정하고 받아들여야 할 동거인
이자 내 일부이다. 애써서 떨궈내야 할 것이 아니라 차라리 나의 일부로 인
정하고 업고 가야 할 존재인 것이다. 이런 맥락에서 장애는, 장애라는 이름
으로 구분 짓고 분석하거나 설명할 대상이 아니다. 다만 내 삶과 생각을 이
야기하는 가운데, 그 안에 조용히 깃들어진 '장애'가 내게 어떤 의미였는지
를 드러내는 것이 맞다고 생각한다. 긴장감이나 흥미, 감동은 훨씬 덜하겠
지만, 적어도 이것이 내게 있어 장애의 의미이다.

설명하고 분석하기 위해서는 '객관화'가 필요하다. 학문이라면 가

열 번쯤은 만나야 틈이 생깁니다

능하겠지만, 그럴 때 위험부담도 적지 않다. 우리에게 어느 날 기적처럼 다가온 그 예수를 설명하기 위해 얼마나 부단한 노력을 기울였는가. 하지만 이로 인해 그 예수가, 믿음이, 얼마나 크게 우리의 삶에서 유리된 채 객체로서 존재해 왔는지 우리 자신이 잘 안다. 그 결과, 신자의 삶과 믿음은 언제나 분리된 존재처럼 여겨진 것이다. 장애라는 주제 또한 그러하다.

나를 포함한 세 명의 사람이 모여 반 년 가까운 시간 동안 이야기 나누었다. '서로 다른 처지에 놓인 사람 셋이 만나서 무슨 이야기가 나올 것인가?' 걱정도 했건만, 만나면 늘 이야기는 깊어지곤 했다. 대화가 특정한 방향으로 흘러가기를 의도한 건 아니었다. 다만 생각을 열어두고 '장애'를 이야기하고 싶었다.

자신의 삶을 담담히 이야기하는 가운데, 자신의 삶을 움직이고 변하게 하는 그 존재들이 마치 우리의 일부처럼 드러나는 온유한 이야기들이 좀더 풍성하게 나눠지길 기대한다. 그런 이야기를 조용히 듣는 인내심 많은 이웃이 더욱 많아지길 기대한다. 마침내, 세상이 갈등과 투쟁이 지배하는 분위기를 지양하고 온화함을 주도적으로 드러내길 기대한다.

이 책이 그 세상에 작은 기여를 할 수 있기를.

2023년 가을

홍성훈

차 례

차 례

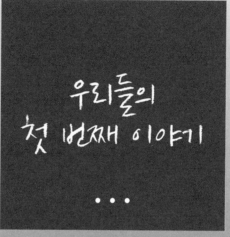

우리들의
첫 번째 이야기

...

셋이서 만났다.
어디서 만나는지가
우리에겐 중요했다.

열 번쯤은 만나야 틈이 생깁니다

간신히 장소를 정했지만

곧 옮겨야 했다.

다행히 괜찮은 장소를 찾아서

제대로 된 대화를 시작했다.

첫 번째 만남

• • •

박송아(이하 '박'으로 표기)

박_ 목사님을 생각하며 '주차가 되고 휠체어가 편히 들어갈 수 있는 장소'를 어제 열심히 찾았어요. 막상 주차를 하더라도 들어올 수 있는 카페가 별로 없더라고요. 어디든 턱이 있고, 계단으로 내려가야 하는 곳이 대부분이에요. 저 대신 저희 엄마가 카페를 찾아 돌아다니실 정도였다니까요(웃음).

홍성훈(이하 '홍'으로 표기)

홍_ 흑석동은 제가 잘 아는 편이어서. '그런데 왜 흑석동일까?' 했어요. 신학대학원을 사당동에 있는 총신으로 다녔고, 거기다 몇 달 동안 흑석동 고개 근처 사무실에서 잡지 편집책임을 맡기도 해서, 이 동네가 소위 '장애인 프렌들리'가 아니라고 알고 있거든요. 그래도 송아 선생님을 믿었죠. 너무 믿었나?(웃음)

박_ 이런, 저를 믿어주셨는데… 한편, 저는 목사님 곁에 있고 이런 프로젝트를 함에도 불구하고 휠체어 장애인에 대한 감각이 일상 속에서는 부족한 게 사실이에요. 사실 일상 속 삶에서, 길을 걸어

열 번쯤은 만나야 틈이 생깁니다

가면서 '휠체어 장애인이 얼마나 힘들까?'에 대한 생각을 24시간 하고 있진 않으니까요.

소재웅(이하 '소'로 표기)

소_ 만약 매일의 삶에서 불편을 느꼈다면 민원을 놓는다거나 적극적으로 행동했겠죠. 결국 이게 내 삶에 직접적으로 영향을 주는 절박한 일이 되어야만 움직이게 되는 거 같아요.

박_ 이 불편함이 단순히 나와 상관없는 타자의 이야기가 되는 게 아니라, '나의 이야기'가 되는 게 중요하지 않을까 싶어요. "당신도 언젠가는 장애인이 될 수 있다" 그런 위협적인 설득이 아니라, 좀 더 자연스러운 접근을, 저희들의 대화를 통해 만들어가고 싶네요.

소_ 맞아요. 우리가 뭔가를 설득한다는 건 정말 쉽지 않을 것 같아요. 다만 홍성훈 목사님이 살아오신 여정 자체를 어느 정도 솔직하게 보여주면서, 우리들이 나누는 이야기들을 독자들이 각자에게 맞게 적절히 소화하고 느끼면 되지 않을까요?

박_ 우리 셋이 편하게 만날 수 있는 카페 찾기도 이렇게 어려운 이야기. 사실 대다수 사람들은, '카페 찾는 게 어려운 사람이 존재한다는 것'조차 잘 모를 수 있으니까요.

본격적인 대화가 시작되다

・ ・ ・

소_ 장애가 있다는 건, 회복되기 힘든 어떤 아픔을 갖고 살아간다는 의미잖아요. 가령, 제가 2년여 전 자살 유가족이 되고 나서 '내가 자살 유가족이 되었다는 사실을 돌이킬 수는 없다'는 걸 인정하기까지 1년 반이 걸렸어요. 제 곁을 떠나간 어머니의 공백을 인정하기까지도 1년 반이 걸린 셈이죠. 그간 계속 다른 존재로 엄마의 부재를 채우려고 했거든요.

우린 각자 어떤 부분에 있어서 공백 속에서 살아가고 있죠. 그것이 누군가한테는 운동 능력일 수 있고 저한테는 자살이라는 아픔으로 떠나 보낸 존재의 공백일 수도 있고 송아 선생님의 경우 시각 장애인이라는 부분이겠죠. 그렇게 각자가 가지고 있는 '공백'이라는 부분을 통해 장애를 가진 사람들과의 접점이 만들어진다면, 장애인들을 향한 시각도 넓어질 수 있지 않을까 싶어요.

홍_ 제가 한국에 들어온 후 장애인을 주제로 하는 한 독서모임에 참여하고 있습니다. 어제 가졌던 그 독서 모임에서의 이야기를 좀 나눠볼게요. 거기서 우리 사회의 장애인 문제를 주제로 삼아서 얘기를 나눴죠. 가령, 동남아시아 혹은 우리나라보다 장애인 정책이 잘 마련되지 않은 나라에서 살고 있는 장애인의 입장은 어떨까요? 아마 우리가 한국을 배경으로 하여서 나누는 주제나 화제와 많이 다르겠지요? 제가 얘기하고자 하는 부분은, 장애인에 대한 생각과 철학이 정립되는 게 필요하다는 거예요. 그러니까, 이런 주제를 다루는 데 있어서 이것이 대다수의 사람들에게 공통적인 관심사로 여겨져서 어떤 결과를 낼 수 있는 토론이 가능하도록, 열린 공감대가 있어야 한다는 것입니다.

저는 기독교인이다 보니 성경의 얘기를 할 수밖에 없는데, 구약을 깊이 들여다보면 하나님은 이렇게 말씀하시죠. "너희 사회에 가난한 자 억울한 자가 항상 있을 것이다. 너희들이 그들을 어떻게 대하는지를 보고, 그걸 토대로 너희와 내가 얼마나 건강한 관계를 맺고 있는지 측량해보겠다."

우리 사회를 염두에 두고 장애인의 문제를 얘기한다는 것은 좀 더 포괄적이고 넓은 관점에서, 철학이라는 형태로 승화시켜야만 일반화가 된다고 봐요. 그렇게 하지 않을 경우 시각장애인의 점자블록이 지체 장애인들에게는 거추장스럽기도 한 것처럼, 심지어는 장애인들끼리도 서로 "나는 너희의 배려가 필요해. 너희가

양보를 좀 하지" 그런 얘기를 하면서 각론 수준의 논의에 그칠 수밖에 없어요. 그래서 저는 '우리 사회에 이런 부분이 필요하겠구나' 하는 철학으로 승화시킬 수 있는 일반론 얘기를 했으면 좋겠어요.

박_ 맞아요, 미시적인 차원에서의 교훈적인 메시지만 반복한다면, 대화를 위한 대화에 그칠 가능성이 크겠죠. 더 근본적인 차원의 기초를 다지는 철학이 세워지는 게 중요하다고 봐요.

소_ 예, 저에게는 목사님의 말씀 자체가 주는 깨달음이 있네요. 보통 우린 구체적인 대책 마련에 무작정 달려들기도 하잖아요. 마치 식사 메뉴를 고르다가 식사 시기를 놓치듯이 말이죠. 물론 구체적인 대책도 너무 중요하겠지만, 좀 더 근본적인 차원의 논의가 필요하다고 봅니다.

홍_ 예, 저는 최근에 이런 말까지 들었어요. "아니 내 눈에 장애인이 안 띄는데 내가 장애인을 위해서 무엇을 하란 말입니까?" 자기는 장애인을 도우려고 해도 장애인이 눈에 안 띄어서 도울 게 없다는 거죠. 이게 말이 되는 소리인가 싶은데, 그 사람 입장에서는 한편 진지한 얘기겠죠. 물론, 표면상으론 맞는 얘기에요. 그런데 자세히 들여다보면, 우리 사회가 장애인들이 돌아다니기 힘들게 만들었으니까 안 보이는 거 아닐까요?

지체장애를 가지고 살아가든 시각장애를 가지고 살아가든, 한 사회에서 더불어 살아갈 때 불리한 측면이 분명 있죠. 불리한 사람에 대한 배려가 필요해요.

독일을 예로 들어볼게요. 독일의 경우 슈퍼마켓에서도 장애가 있는 사람을 의무적으로 고용해야 되거든요. 그러다보니 캐셔(cashier)들 중에도 약간씩 몸동작이나 생각이 느린 분들이 있어요. 손님으로서 그러한 캐셔를 만났을 때 "할렐루야!" 하는 사람이 어디 있겠어요? 솔직히 마음속으로 '아이고 오늘은 운이 없는데?' 할지도 모르는 거죠. 그냥 속으로 삭히고 조용하게 옆으로 갈 가능성이 큽니다. 그럼에도 그냥, '오늘은 저 사람을 만나야 되는구나' 하고 받아들이는 거예요. 그걸 가지고 "캐셔가 계산이 느려서 짜증이 난다"고 노골적으로 표현하는 사람은 거의 없어요.

이런 모습은, 어떤 장애인에 대해서 '저 사람도 우리하고 똑같은 사람이야'를 기대하는 게 아닙니다. '느린데 뭐 어떡할 거야?' 하고 접근하는 게 맞다는 거죠. 그러니 장애 문제는 사실, 장애인도 우리하고 똑같아야 한다는 얘기를 하려고 하는 게 아니라 불편하게 살고 있는 사람에게 우리와 똑같은 템포를 요구할 수 없다는, 어떠한 배려가 아닐까 싶어요.

정상과 비정상이라는 폭력적인 구분

• • •

소_ 목사님이 방금 말씀해주신 부분은 우리가 나눌 대화 중에서도 굉장히 본질적인 얘기가 되는 거 같아요. 목사님께서 공식적인 대화가 시작되기 전, 저에게 슬쩍 말씀하셨죠. "장애는 바꿀 수 없는 현실이다. 그걸 인정하면서 이야기를 해야 하지 않겠는가" 라고. 목사님 말씀처럼, 그냥 갑자기 운동 능력이 좋아져서, 그러니까 예를 들어 눈이 안 보이던 분이 갑자기 보일 수는 없는 거잖아요. 어쩌면 저는 오늘 대화를 준비하며 '지나치게 어린아이 같은' 희망찬 이야기를 기대했던 거 같아요. 그런데 목사님 말씀을 들으며, 우리가 어느 정도 한계를 인정한 상황 속에서 필요한 부분에 대해 이야기를 나누며 접점을 만들어가는 게 좋겠다 싶어요.

이어서, 최근에 읽은 기사와 거기에 달린 댓글에 대해서 이야기를 나누고 싶어요. "기업마다 의무적으로 장애를 갖고 있는 사람을 고용을 해야 하는데, 그 기준을 지키지 않는 기업의 리스트를 공개하겠다"는 기사였어요. 제가 기사에 달린 댓글을 봤는데 안타깝게도 제가 예상한 댓글 그대로였어요. "그런 게 어딨냐? 공산주의냐?" 뭐 이런 분위기의 댓글이 주를 이루더군요. 제가 사실 이건 꽤 정제해서 이야기를 한 거예요. 익명성 뒤에 숨어서 입에 담기 힘든 댓글을 다는 사람들도 꽤 많았거든요.

신체적인 장애를 경험해보지 않은 제가 장애를 가진 분들을 다 이해한다면 100% 거짓말이겠지만, 그럼에도 불구하고 그 댓글에서 표출되는 분노는 쉽게 이해할 수 없었어요. 그게 자기들한테 직접적인 피해를 입힌 것도 아니잖아요. "어이 기자, 너희 중에 장애인 있어?" 이런 댓글도 보였어요. 어쩌면 그 사람들은 자신이 평소 품고 있던 (출처를 알 수 없는) 분노의 감정을 이 기사를 통해 풀고 있다는 생각도 했어요.

박_ 저는 그런 느낌을 이주민에 대한 인식에서도 느껴요. 만약 그 기사가 이주민과 관련된 기사였다면, 그 기사에는 아마도 "너네 나라로 돌아가라. 가뜩이나 일자리가 없어 죽겠는데!" 이런 류의 댓글이 많이 달렸을 거예요. 실제로 이주민 관련한 기사들에 그런 댓글들이 왕왕 있어요. 심지어 제가 강의하는 곳에는 "당신과 싸우려고 왔다"는 분이 계셨어요. 수업을 듣기 전까지는 '단일민족 국가에 왜 외국인들이 잔뜩 와서 물을 흐리나?' 하는 생각을 하셨대요. 물론 지금은 완전히 달라진 생각을 하게 되셨다며, 감사 인사를 해주셨지만요(웃음). 그런 모습을 보면 저는 '내가 손해를 볼만한 단 1%의 가능성이라도 있는 것 자체를 못 견디는 게 아닌가?'라는 생각도 들어요.

결국, '한 인간이 어느 정도를 기본으로 누리고 살아야 되느냐'라는 문제를 다룰 때 생존권을 말하잖아요. 살아야 하죠. 그런데 살기만 할 게 아니라 제대로 생존하려면 사람은 일을 해야 되고 그러려면 움직일 수 있어야 되고 먹고 마실 수 있어야 하잖아요. 최근에 일어난 시위도, 장애인들 입장에서 "살기 위해 필요한 아주 기본적인 권리인 이동권을 확보하게 해달라"는 것이라고 느꼈어요.

인간으로 태어났다면 마땅히 누릴 수 있는 여러 가지 기본권들을 모두가 누릴 수 있는 사회가 성숙한 사회라고 생각해요. 단순히 장애인들을 불쌍히 여기고 말고의 문제가 아닌 거예요. 가령, 카페를 새로 만든다면, 휠체어 장애인들도 들어올 수 있도록 세팅이 되어야 하는 거죠. 이런 부분들이 기본적으로 세팅이 되어 있는 사회를 독일에서 경험했어요. 독일에서는 어릴 적부터 통합교육을 통해 장애인과 함께 살아가는 기본적인 태도를 배우고, 관공서 등 생활권 안에서 삶으로 배우거든요.

어제 우리 집 막내아들하고 책을 읽던 중 헬렌 켈러 얘기가 나오는 거예요. 헬렌 켈러 얘기를 쭉 읽어주던 중 "삼중 장애", 이런 얘기가 나왔어요. 그러다가 무슨 구절이 등장했냐면, 헬렌 켈러가 대학에 간다고 그랬더니 친구들이 말리는 장면에서 "너는 정상인도 가기 힘든 대학을 가려고 하니?" 그런 구절이었어요.

그래서 막내에게 "이 문장을 어떻게 생각해?"라고 물어봤어요. 그랬더니 "엄마는 일중 장애" 이러는 거예요. 헬렌 켈러는 3중 장애니까, 되게 해맑게 "엄마는 1중 장애" 그러는 거죠(웃음). 그래서 제가 "맞아, 엄마 1중 장애야" 했어요. 계속 책을 읽다가 정상인 얘기가 나와서 제가 물었죠. "쥬니야, 그러면 쥬니는 이 표현이 맞다고 생각해?" 사실 아이들도 이미 프레임이 씌워진 정상과 비정상에 대한 교육을 주입받곤 하잖아요. "엄마는 그럼 장애인이니까 비정상인가?" 이러더라고요. 제가 말했어요. "엄마는, 이 책에 정상인이라고 쓰여 있어서 기분이 나빠. 장애 있는 엄마도 정상이거든. 엄마처럼 눈 하나 안 보인다고 비정상은 아닌 거니까." 그랬더니 우리 아들이 어디서 들은 건 있어 갖고, "그럼 엄마 여기다가는 비장애인, 이렇게 써야 되겠구나" 하더군요(웃음).

소_ 어쩌면 송아 선생님이, 둘째의 평소 생각에 작은 균열을 내신 거네요.

박_ 일부러 그랬죠. 그런 걸 발견하면 저는 화가 나거든요. 화가 나서 못 견디겠거나 그런 게 아니라, 정상과 비정상을 가르는 기준에 대해 깊이 생각해보지 않고 활자화 된 것을 보면 마음이 슬퍼요.

이렇게 우리들의 대화가 첫 포문을 열었다.

이어질 대화들 가운데 계속해서
'작은 균열'이 일어나기를 기대하며 대화를 마쳤다.

한국에서의 추억들

홍성훈

개인적 일로 한국을 방문할 때마다, 나는 상반된 소감을 동시에 느꼈다. 하나는, 좋은 인상이다. 29년 전 한국에서 살 때, 이 땅에서 장애인으로 사는 것이 얼마나 힘든 일이었는지 아직도 기억이 생생하기 때문이다. 고등학교 시절 나는 서대문에서 살았는데, 고2가 되자 다니고 싶었던 단과반 학원을 등록하고서 얼마 되지 않아 포기해야 했다. 내가 살던 서대문 로터리에서 당시 학원들이 몰려 있던 종로 2가까지 매일 가야 했는데, 버스를 도무지 탈 수가 없었기 때문이다. 버스를 기다리다 기다리다 결국은 서대문 로터리에서 종로 2가까지 걸어서 학원을 다닌지 며칠 만에 나는 결국 학원을 포기하고 말았다. 이런 사정은 그 후로도 계속되었다. 한겨울에 4시간 동안을 길거리에 서서 택시를 잡으려 했던 적도 있었다. 그 당시 그 유명했던 '승차거부'란 것 때문에.

그러나 언제부터인지 한국의 택시 타기 형편은 놀라우리만큼 바뀌어 있었다. 2006년, 12년 만에 방문한 한국은 언제 어디서 손을 들어도 택시를 잡을 수 있었다. 그러나 내 습관은 바뀌지 않았다. 택시를 탈 때마다 크러치를 품에 안은 채로 늘 앞좌석에 앉기를 고집했다. 어렵사리 '나에게 호의를 베풀어준' 기사 아저씨가 합승을 해서라도 사납금을 채우는 데 도움을 주고 싶어서다. 하지만 그 다음에는 다시 새로운 어려움을 경험했다. 무리하게 걸어 다닌 후유증 때문에 지난 2010년 이후로 수술을 세 차례 받았는데, 나는 결국 휠체어를 타야 했다. 그래서 한국에 올 때마다 휠체어를 탄 채 택시를 잡는 어려움을 새로 경험하고 있다. 그럼에도 불구하고 20년 전의 상황보다 훨씬 나아졌음을 부인할 길은 없다. 물론 개인적인 경험에 불과하지만. 그 외의 이러저러한 경험 끝에 내린 내 결론은, 역시 복지의 문제들은 상당수 한 나라의 경제적 수준과 밀접하게 연계되어 있다는 것이다.

시혜인가, 배려인가?

요즘 나는, 새로운 과제와 씨름하고 있다. 한국에서 스스로 움직일 방법을 찾는 것이다. 예전과 비교할 때 참으로 감사한 것 중의 하나는 장애인 택시가 운용된다는 것이다. 장애를 가진 사람의 이동을 위해서 사회가 관심을 갖고 재원을 투자하게 되었다는 것이 얼마나 감격스러운지는, 사실 겪어본 사람이 아니고서는 형언할 수 없을 것이다. 그럼에도 불구하고, 한국을 방문해서 장애인 택시를 이용하려 할 때 이 제도가 갖고 있는 어려움이 보통이 아니다. 아주 짧게 표현하자면, '지원에는 한계가 있고 장애인의 수요는 끝이 없다'가 아닐까 싶다.

이와 관련된 어려움을 여러 가지를 겪으면서 나는 이런 질문을 하게 되었다. "장애인의 이동을 돕기도 해야겠지만 스스로 이동할 수 있도록 하는 것은 어려울까?" 스스로 움직일 수 없는 중증 장애인은 당연히 이동을 도와야 한다. 그러나 이동할 능력을 가진 장애인은 스스로 이동할 수 있는 수단을 제공해야 한다. 물론 이와 관련된 지원을 이미 한국 정부가 하고 있음도 알지만 여전히 부족한 것은 사실이다. 예를 들어, 나는 한국을 방문할 때 장애인용으로 개조된 렌트카를 원했지만 내가 아는 한 대한민국에는 오직 제주도에만 몇 대의 장애인용 렌트카가 있을 뿐이다. 이런 저런 상황을 경험한 끝에 나는, 장애인에 관한 한국 정부의 철학이 무엇인지를 묻게 된다.

"정부의 장애인 정책 근간은 시혜(施惠)입니까,
아니면 배려입니까?"

시혜와 배려는 비슷한 것 같지만 사실 아주 큰 차이가 있다. 시혜는 장애인에 대한 동정심과 그에 비례한 국가적 경제 수준에 연결되어 있고, 배려는 국가 및 국민이 장애인을 어떻게 생각하느냐에 연결되어 있기 때문이다. 배려는 '어떤 방법으로 이것을 실현할 것이냐'는, 방법론과도 연결되어 있다.

결국 장애인의 이동권은 '장애인을 어떻게 이해하고 배려하느냐'하는 큰 줄기의 일부라고 보아야 한다는 것이다.

독일의 장애인과 평등

홍성훈

현대 독일 사회를 아우르는 철학적 입장이 있다면, '평등'이 아닐까 생각한다. 이것을 장애인 정책에서 관철하기 위하여, 크게 보아 세 가지의 대표적인 법률이 존재한다. 첫째로는 '중증장애인의 실업해소를 위한 법'(2000), 다음으로는 '장애인의 재활 및 참여에 관한 법률'(2001), 마지막으로 '장애인 평등법'(2002)이 그것이다. 독일의 관련법에서 '장애'는 다음과 같이 정의된다. "신체적 기능, 정신적 능력 또는 심적 건강이 6개월 이상 그 연령에 전형적인 상태와는 상이함이 상당하고 따라서 사회에서의 생활 참여에 지장이 있는 상태." 그리고 장애의 장벽을 제거하기 위하여 '건축 및 기타의 시설들, 교통 수단, 기술적 이용시설, 정보 작업 체계, 음향적 및 시각적 정보원 및 커뮤니케이션 시설, 기타 삶의 영역들이 장애인들에게 특별한 어려움이 없이 그리고 기본적으로 외부 지원 없이 접근이 가능하고 사용이 가능'하도록 하는 것을 목표로 한다.

위의 법안들이 제정된 시기를 보면서 느끼겠지만, 독일 사회는 장애인 정책과 철학에 있어서 진화를 계속하고 있다. 내 경험으로 보건대

2000년 전후까지 독일의 장애인 정책은 '통합'(Integration)이었다. 장애인을 비장애인 사회에 수용하겠다는 뜻이다. 그런데 만족스럽지 못한 부분이 있었다. 통계에 의하면 독일 장애인의 고용률은 지속적으로 하강세를 보였다. 독일 전체의 경제가 악화되었던 것이 가장 큰 이유였다. 따라서 장애인의 사회참여율(고용률)도 떨어질 수밖에 없었다. 이 상황은 장애인을 돌봐야 하는 정부에도 적지 않은 부담을 주었다. 이에 따라 정부는 연속적인 법안 제정을 통해서 장애인을 적극적으로 사회에 끌어들이는 노력을 경주했다. 그 결과, 2004년 현재 중증장애인의 고용률이 4.6%에 이르게 되었다.

독일 사회는 최근 들어 정책의 기조를 '통합'에서 '함께'를 향하고 있다. 특히 2002년에 제정된 '장애인 평등법'(Behindertengleichstellungsgesetz, BGG)의 정식 명칭은 '장애를 가진 사람들의 평등을 위한 법'(Gesetz zur Gleichstellung behinderter Menschen)인데, 이 법은 그 전해, 즉 2001년에 효력을 발생하기 시작한 '사회법전 제9권'(Sozialgesetzbuch IX)의 구체적인 실행 방법을 명시한 것으로 이해하면 된다. 독일 사회는 장애인을 보호의 대상으로서의 장애인이 아니라 '함께 경쟁하며 공존하는 주체로서의 장애인'으로 생각한다는 것이다. 따라서 독일 사회는 장애인들이 어떻게 하면 '평등하게' 사회에서 균등한 기회를 누리면서 독립적 존재로서 살 수 있는가를 물으면서 장애인 정책을 펴고 있다고 이해하면 되겠다.

독일의 장애인 정책과 철학이 완벽하다고 생각하진 않는다. 독일의 장애인 정책을 비판하는 이들은 "정책입안자들이 현실과 상관없이 책상 위에서만 법령을 만드는 것 아닌가!"라고 지적하기도 하고, 장애인 정책과 관련된 담당자들이 너무 규칙에만 매달린다고 지적하기도 한다. 필자인 내 경우에만 하더라도 중증장애인의 증명서를 받기 위해 1년 반 동안 민사소송을 해야 했다. 지체장애인의 경우 '중증장애인'으로 등록하려면 양쪽 하반신이 절단되어야 한다는 규정이 있는데, "너의 경우는 다리가 달려 있지 않느냐"는 게 보건청(Versorgungsamt)의 반론이었다. 여기서 필자는 독일 당국의 관료주의, 즉 현장의 당사자보다 법률 자구에 매인 태도를 보았다. 거기에, 한 의사의 판정에 문제가 있음에도 불구하고 다른 소견을 제시하기를 꺼려하는 전문인 집단의 보이지 않는 동료의식까지… 이런 어려움은, 특히 굴러 들어온 돌과 같은 이국인에게는 정말 철옹성 같은 느낌이 들었다.

그리고, 그들의 이런 태도에는 장애인 정책을 이상적으로 실현하는 데 소용되는 재정의 현실적인 문제가 도사리고 있었으리라.

우리들의
두 번째 이야기

. . .

당장의

해답을 기대하며

열 번쯤은 만나야 틈이 생깁니다

대화를

나눈 건 아니었다.

우리들의 두 번째 이야기

대화를 나누며

우리의 인식이 넓어지고

열 번쯤은 만나야 틈이 생깁니다

장애에 대한 좋은 담론이

만들어지기를 기대했다.

우리들의 두 번째 이야기

문제는 제대로 된 교육 아닐까?

• • •

홍_ 그간 우리 사회가 보여준 태도나 우리가 그 안에서 겪어온 경험을 들여다보면, '장애'로부터 비롯되는 상황들을 '권리 문제' 혹은 '법의 문제'로는 해결할 수 없다고 봐요. 사실 권리라고 하는 건 자신의 이해득실과 깊은 연관성이 있잖아요.

"원래 네 것이 아니니 다 공유해야 해!" 혹은 "왜 그걸 네 것이라고 여기며 독점하려고 하느냐?"라고 주장한들, 그러한 접근은 좋은 방법이 아니라는 거죠. 한편, 현실 사회에서 이건 어쩔 수 없는 일인가? 혹은 바람직한 일인가? 그 부분을 생각해보았을 땐 그렇지 않다고 봐요.

유럽의 예를 들어볼게요. 유럽 같은 경우 평등이라는 개념이 어느 국가나 사회든 기본적인 철학이에요. 어떤 사람이든 동등하게 사회에서 살아야 하는 것이죠. 예를 들어 장애를 갖고 있거나 돈이 없을 때, 이건 애초부터 출발선이 조금 뒤로 밀려져 있는 것이나 다름없기 때문에, 그 사람이 같은 출발선에서 발을 딛고 일어날 어떤 디딤대를 마련해 주는 게 평등의 개념이라는 거예요.

눈을 돌려 미국을 보면 거긴 또 상황이 달라요. 미국은 자유를 찾아서 유럽에서 건너간 사람들이 주도권을 잡고 있었기 때문에 '내가 하고 싶은 걸 보장받는 게 자유'인 나라예요. 미국과 유럽은 평등을 대하는 접근 자체가 꽤 다른 셈이죠.

안타깝게도, 우리 사회의 기본적인 철학은 아주 냉정히 말해 동정심밖에 없어요. 아이구, 얼마나 힘들까? 그래, 있는 사람이 좀 내놔야지. 뭐 이런 접근인 거죠. 결국, 있는 사람이 없는 사람에게 베풀어주는, 시혜적인 차원이에요.

소_   시혜적인 차원에서 접근한다면 그 자체로 건강하지 않은 관계가 맺어지지 않을까 싶네요.

홍_   예, 시혜라고 하는 개념이 어느 정도 들어 있는 상황에서는 법을 통해 어떠한 권리를 장애인에게나 약자에게 해주는 순간, 그들을 내려다보게 돼요. 그리고 어느 정도 시혜가 이뤄졌다고 느끼는 순간, "그만해라! 난 더 이상 못 줘!" 이렇게 돼버린다는 거죠.

장애인에 관한 제도들이 아무리 많이 보완되더라도, 사회의 인식 자체가 변할 것인가에 대해서는 회의적이에요. 선진국의 경우, 인식이 변하면서 법이 만들어지는데 우리는 법이 만들어지면서 인식이 따라가야만 하는 상황이 자주 벌어지죠.

공무원들이 외국에 나가서 장애인 제도를 배워오거나 세미나를 진행하며 외국의 케이스를 적용해서 법제화를 시킨다고 가정해봅시다. 그런데 정작 그 법을 살아내야 하는 국민들은 그 법의 취지나 배경을 잘 몰라요. 그러니까 계속 "왜 그거까지 해줘야 돼?" 이런 소리가 나옵니다. 양쪽이 잘 어우러지는 게 아니라 균열이 생기는 셈이에요.

서양 사회가 갖고 있는, 특히 유럽이 갖고 있는 큰 장점은 하나님께서 다스리신다고 하는 철학 속에서 소명의식이 발전했다는 점이에요. 현대사회를 지탱하는 가장 큰 힘은 시민들이 함께 사회를 이루어가는 거잖아요. 그러므로 유럽에선, 시민 교육이라고 하는 말이 자연스럽게 제기되고 우리가 시민사회에서 공생하려고 한다면 어떻게 살아가야 할지에 관해서 학교에서 끊임없이 가르친단 말이에요. 그런데 우리 사회의 경우 이러한 교육 자체가 부실하기 짝이 없죠. 실은 어릴 때부터 가르쳐야 하는 부분인데 말입니다.

박_ 정말 공감하는 부분이에요. 교육이 생략된 상태에서 인식이 바르게 잡히는 건 불가능하죠.

소_ 방금 목사님께서 말씀하신 것처럼 사실상 장애에 대한 교육이 전무하거나 있더라도 유명무실한 상태라고 봅니다. 저를 돌아보면, 초등학교-중학교-대학교-신학대원까지의 여정 속에서 장애에 관한 교육을 받아본 기억이 없어요. 부끄럽지만 저 스스로도 진지하게 고민해 본 적이 단 한 번도 없고요. 장애에 대한 건강한 인식적 토양이 없는 상태에서 계속 전장연 관련 시위에 대한 뉴스'만' 듣고 있는 셈이죠. 그리고 기사의 상당수는 이미 프레임이 씌어진 형태다보니 평소 갖고 있던 장애에 대한 고정관념이나 선입견이 더 견고해지는 게 아닌가 싶어요.

박_ 제가 읽은 책 중에 <어쩌다 한국인>이라는 책이 있어요. 그 책의 저자는 한국을 두고 사회심리학적인 나이가 중학생이라고 하더군요. 심지어 책의 부제가 '대한민국 사춘기 심리학'이에요. 사춘기라는 나이는 어떠한 교육을 받느냐, 그 시기를 어떻게 지나느냐에 따라서 그 후의 모습이 결정되잖아요. 교육의 질에 따라서 성숙한 성인이 될 수 있는 반면, 반대로 미성숙한 성인이 될 수도 있죠.

안타까운 건, 제대로 된 시민교육이 이뤄지고 있는 게 아니라

법정 의무교육으로만 흐르는 경우가 많다는 점이에요. 저 같은 경우 매년 학교에서 강의를 하기 위해 '법정 의무교육 직장 내 장애인 인식개선 교육'을 받아야 해요. 그런데 그 교육 영상을 보면 이해하기 어려울 때가 많아요.

영상의 예를 들면 이래요. 우선 휠체어 장애인이 등장해요. 그런데 그 주변 사람이 도와주려고 하면 "X표시"가 뜨면서 "도와주지 말라"는 메시지가 화면에 나와요. 도움이 필요 없다는 거죠. 도움이 필요 없는데 자꾸 손을 내밀면 불쌍히 여기는 셈이니까 장애인이 기분 나빠할 수도 있다, 그러니 도와주지 말라는 내용이에요. 물론 불쌍히만 여기는 것도 문제지만 도움이 필요한 상황이 있을 수도 있잖아요. 그런데 이건 너무 단편적인 메시지일 뿐 아니라 실제로 장애를 겪는 분들의 실존적인 상황에 대한 이해도가 현저히 떨어지는 영상인 거죠.

소_ 박송아 선생님 말씀을 들으니 이곳에 오기 전 들른 한 지하철 역의 화장실에서 본 문구가 떠오르네요. 소변기 위에 '자살예방'을 위한 전화번호가 적혀 있더군요. "힘드시면 여기로 전화하세요." 뭐 그런 문구였어요. 그런데 이건 너무 피상적이잖아요. 실제로 자살 충동을 느낄 정도로 절박한 상황에 놓인 사람이라면 그 자리에 있지도 않을 테고, 실제로 그러한 상황에 놓인 사람이더라도 누가 이걸 보고 전화를 하겠어요. 그야말로 예방을 위한 예방이라고밖에 말할 수 없는, 수준 낮은 예방책인 겁니다.

박_ 맞아요. 그것이 어떠한 영역이든, 생산적인 생각거리를 던져줄 수 있는, 바른 인식을 가질 수 있는 교육이 진행된다면 참 좋겠다는 생각이 드네요.

이어서 목사님께 여쭤보고 싶어요. 오늘 이 미팅 장소로 오셨던 길과 독일에서 경험한 길을 따져보면 다른 점이 있나요?

홍_ 흠, 별 차이가 없는 거 같아요.

박_ 그렇군요. 예를 들어 대화의 초반에 언급했던 것처럼 카페의 어떤 형태라든지, 그런 부분에서의 차이는 없을까요?

홍_ 사실 그 부분은 단순하게 비교하기는 어렵다고 봐요. 네덜란드에 있었던 판례 이야기를 좀 해볼게요. 한 장애인이 어떤 가게를 상대로 소송을 냈어요. 내가 이 가게에 들어가고 싶은데 계단이 있어서 들어갈 수가 없다고 소송을 낸 거죠. 결국, "당신이 새로 만들어진 상가 건물로 가라"는 판결이 나왔어요.

판결 자체보다도, 왜 그런 판결이 나왔을까를 생각해봐야 해요. 계단 턱이 하나라도 있는 건물들은 대부분 오래된 건물이에요. 건물이 세워질 당시의 건축법이 그러니까요. 그런데 이 건물에서 영업을 하는 사람도 먹고 살아야 할 사람이잖아요. 그러니 계단을 설치한다는 이유로, 감당하기 어려울만한 재정적 부담을 안길 수는 없다는 거죠.

네가 가고 싶은 데를 못 들어가는 건 유감스럽지만, 그런 시설이 갖춰져 있는 신축 상가로 가는 게 낫겠다. 이런 취지라고 봐요. 만약 미국 같으면 어떤 판결이 나왔을 거 같아요?

소_   엄청나게 큰 금액의 벌금을 부과하지 않았을까요?

홍_   미국은 로스쿨 제도가 있기 때문에 변호사들이 도처에 깔려 있어요. 수많은 변호사들이 소송거리를 찾아다니죠. 예전에 미국 맥도날드에서 뜨거운 커피잔 물에 데인 고객이 소송을 진행한 적이 있었어요. 우리가 보기엔 사소해 보이는 그 이슈로 인해서 수백만 달러의 소송이 진행되었죠. 아까 제가 말한 것처럼, '난 이거 하고 싶어. 이건 내 권리야'라는 마음이 있다 보니 그게 막혔을 때 바로 소송으로 들어가는 거예요.

소_   그건 인간 본연의 연민에서 비롯된 소송이라고 볼 순 없겠네요.

홍_　아니죠. 이렇게 같은 사안을 놓고서도 서양의 지역에 따라서 가치관이 다르다 보니 판결도 다르게 나온단 말이에요. 그렇다면 우리나라를 움직이는, 약자에 대한 힘은 어디에서 나오는 걸까요? 사실상 동정심밖에 없는 거예요. 아니면, "너도 언젠가 나와 같은 상황에 처할 수 있다"는 위협에서 오는 강제적 동정심. 물론, 당장은 큰 차이가 안 나는 일일 수는 있어요. 그리고 장점도 있을 수 있죠. 동정심이라는 건 감정이입이 되잖아요. 그것 때문에 오히려 굉장히 친절할 수도 있죠. 문제는 이게 늘 지속될 수가 없다는 거예요. 장애인을 향한 올바른 시선이나 심성은 결국, 앞에서 나눈 것처럼 제도나 교육이 필요한데 그게 안 되니까 안타깝다는 겁니다.

우린 왜 조급해하는가?

• • •

소_ 목사님께서는 계속해서 근본적인 부분을 건드려 주시는 것 같아요. 그럴 수밖에 없는 게 목사님은 실존적인 고민을 더 깊고 치열하게 해오셨을 테니까요.

홍_ 예, 독일에서의 경험을 하나 나눠볼게요. 주일날 저녁 성경 공부를 마치고 시내에 놀러가려고 버스를 기다리고 있었어요. 얼마 후 버스가 도착했는데 램프가 없는 버스였어요. 그래서 교인들에게 "니들 먼저 가, 내가 다음 거 타고 갈게" 그랬더니 버스 기사가 '뭔 문제야?' 하며 내리더군요. "아니야 아니야 아니야 먼저 가라고. 난 램프 있는 거 타고 갈 테니까 너 그냥 먼저 출발해" 그랬죠. 버스 기사가 다시 묻는 겁니다. "왜? 그럼 너 지금 버스 타고 싶은 거야?" "응 타고 싶어" "그럼 기다려봐" 결국, 버스에 타고 있는 남성 승객 네 명을 향해 내리라고 하더군요. "너희들 내려와봐, 우리 이 사람 같이 들자"고 하는 겁니다. 그러더니 네 남자가 저를 번쩍 들어가지고 버스에 태웠어요. 제가 탄 전동 휠체어만 130kg였거든요(웃음).

소_   정말 무겁군요.

홍_   제 몸무게까지 합치면 200kg인데, 이건 우리나라 사람들에 비해 체격이 좋은 독일 사람이라고 해서 쉽게 들 수 있는 무게가 아니거든요.

한국 버스의 경우 현실을 보면 한숨 나와요. 버스에서 휠체어 장애인이 탈 수 있는 공간이 수동 휠체어보다 조금 더 큰 정도거든요. 게다가 제가 타는 전동 휠체어 같은 경우는 버스에 올라간다고 해도 휠체어가 들어갈 수 있는 자리가 없어요. 속에선 욕이 나오죠. '이거 미친 놈들 아닌가? 생각이 있는 놈들인가?' 그나마 그 자리엔 항상 상비된 장애인의 친구, 빗자루가 모셔져 있죠.

한 가지 덧붙이자면, 저는 버스 기사들이 더 주도적으로 정리를 해줘야 한다고 봐요. 가령, 장애인을 위해 마련된 자리라면 그 자리를 정돈해서 장애인에게 자리를 주는 건 기사가 해야 할 역할입니다. 그런데 싫은 소리 들으면 기분 나쁘고 불리해지니까 피하는 거예요. 이를 위해서는 버스 기사에게 버스 안의 문제에 관한 권한을 법적으로 강력하게 부여해야 합니다. 한 가지 경험한 이야기를 덧붙이자면, 버스에 오를 때 어린이가 아이스크림을 빨면서 들어오거나 주행 중에 아이가 컨트롤이 불가능할 정도로 울거나 하면 하차를 명령할 권한이 있거든요.

소_ 지금 목사님이 하신 버스 기사에 대한 제언은 굉장히 먼나라 이야기처럼 들리네요. 지금 우리나라 버스 기사분들이 처해 있는 상황을 고려했을 때 권위 같은 건 조금도 느껴지지 않거든요. 그리고 기사분들을 보면 되게 조급해 보여요. 승객들이 버스에 타면 앉기도 전에 출발하잖아요.

홍_ 사실 어느 하나도 따로 떨어져 있는 게 없어요. 버스는 정해진 시간에 정류장에 도착해야 하잖아요. 그 시간을 맞추기 위해서 시간적인 계산이 필요하겠죠. 그런데 그런 버스 기사의 조급한 마음과 승객들의 '기다리지 못하는 마음'이 떡하니 자리하고 있는데, 장애인들이 과연 버스에 제대로 올라탈 때까지 기다릴 수 있을까요? 가만 보면, 많은 한국인들은 타인으로 인해 발생하는 불편함을 못 참아요. 이럴 때 상충하는 권리들이 누군가에 의해 조정되어야 질서가 유지되지 않겠습니까? 버스 안에서는 버스 기사의 지시를 따라야 합니다. 그래야 위급한 때에도 법적으로 권한을 가진 사람, 기사에 의해 안전이 확보되죠.

박_ 저는 이게 너무 빠른 발전에서 비롯된 조급함이라는 생각도 해요. 현재의 한국은 시민의식이 전혀 준비가 안 돼 있는 상황에서

고도의 발전을 해버렸고 법이 억지로 거기에 맞춰서 형성이 된 거죠. 버스 같은 경우도 저상버스가 있어야 된다는 이유로 도입된 거잖아요. 장애인들을 나오게 해줘야 되고 저상버스가 있어야 하니 만들어졌지만 실제로 저상버스를 타보거나 휠체어나 유모차와 함께 탔을 때의 시뮬레이션을 돌려보지 않은 채 그냥 외국에서 저상버스를 수입한 게 아닌가 생각돼요.

소_ 아, 대체 우리는 왜 이렇게 못 기다리는 걸까요? 부끄럽지만, 제 이야기를 좀 나눠볼게요. 며칠 전 제가 사는 지역에 있는 대형서점에 갔는데, 제 앞에서 계산을 하는 노인분을 보게 되었어요. 그 노인분이 카드 서너 개를 직원에게 주면서 계산을 하는데, 자꾸만 지체가 되는 거예요. 그런데 제가 진짜 너무 화가 나는 거예요. 못 참겠더라고요. 순간적으로 제 머릿속에서 '아 저 분은 왜 저 나이에 책을 읽으시는 거야?' 그런 생각까지 들더군요. 그런데 돌아보니, 그분이 지체한 시간이 고작 '2분'이었어요. 그 2분 때문에 저는 분노의 끝을 경험한 셈이죠.

집에 오며 생각해보았어요. 내가 왜 그 2분을 못 견디고 분노에 휩싸인 걸까? 왜 난 그 2분을 견디지 못한 채, '마땅히 책 읽을 권리가 있는 한 존재의 권리'를 내 머릿속에서 박탈해버린 걸까?

홍_ 저도 제 경험을 나눠볼게요. 몇 주 전 천안에 눈이 많이 왔는데 오토바이 배달하는 사람이 그 상황에서 고가도로까지 올라가더군요. 정말 아슬아슬해 보였어요. 우리나라 사람들은 신속하고 편리한 우리나라의 배달 문화에 열광하지만, 고가도로 위 오토바이를 보며 '저게 과연 열광만으로 될 일인가?' 싶었어요. '편리하고 신속해서 만족한 만큼의 대가를 치를 자세'는 생각해 본 적도 없지 싶거든요. '고객은 왕이다'라는 말이, 일하는 사람에게만 '나를 왕처럼 대해줘. 그러니까 내가 시키는 대로 해'로 다가와서는 안 됩니다. 서비스를 받는 사람 역시 그런 대접을 받을 정도로 '왕'의 자격을 갖춰야 합니다.

우리가 과거에는 자급자족으로 살아갔죠. 이제 화폐라고 하는 통용 수단이 생기면서 돈을 가지고 내가 생산할 수 없는 것을 갖다가 사는 거예요. 그런데 그 상황에서 우리가 '내가 돈을 지불하는 거니 당신의 서비스는 당연하다'라는 생각에 멈춰서는 안 된다고 봐요. 내가 못하는 걸 네가 하니까 참 고맙다는 생각이 있어야 맞는 거죠. 그게 소위 '시민사회'의 모습이라고 봅니다.

소_ 맞습니다. 그런데 돈을 지불하는 순간 어딘가 모르게 생각이 달라지는 거겠죠.

홍_ 내가 돈을 주니까 당신은 마땅히 서비스를 제공해야 한다는 마음이 있는 거죠. 자기가 원하는 시간에, 자기가 원하는 방식으로 해줘야만 만족하겠다는 생각이 있는 겁니다. 솔직히 말해 이것은 공생하는 태도가 아니에요. 비록 내가 돈으로 대가를 치른다 하더라도 내가 못하는 부분을 상대방이 해주기 때문에 누릴 수 있는 겁니다. 이를테면 물건 혹은 서비스와 재화를 사이에 둔 소비자와 공급자가 서로 상대방에게 감사하는 마음을 지녀야 정상이란 뜻입니다.

이렇게 노동과 자본이 얽혀서 돌아가는 복잡한 측면을 누군가는 가르쳐줘야 되는데, 이걸 누가 가르쳐주고 있나요? 아무도 안 가르쳐줘요. 그저, 나의 욕망을 돈으로 해결할 수 있다는, 그런 생각에 머물러 있는 거죠. 그러니까 돈을 많이 벌어야겠다는 생각밖에 없단 말이에요. 돈에 미친 사회가 되어간단 말입니다.

박_   지금의 대화는 우리가 나누고 있는 '장애'라는 테마와 깊이 연결될 수 있는 부분 같아요. 단순히 교환가치로 판단해버리는, 그래서 충분히 기다리지 못하는, 너무 고질적인 부분이어서 어디서부터 손을 대야 할지 모르겠어요. 그럼에도 불구하고, 혹은 그렇기에 결국 계속 교육하고, 이야기를 나누고, 공론화해야만 변화할 수 있다고 생각해요.

홍_   사실 우리나라 사람들은 이미 '빠른 서비스'를 충분히 경험하고 있거든요. 독일 공무원들이 일 처리하는 걸 보면, 솔직히 그 느린

속도 때문에 속에서 '쌍욕'이 나오거든요(웃음).

출애굽을 하며 광야에 있었던 이스라엘 사람들을 봐요. 맨날 밥 먹여 줘도 불평불만이었습니다. 우리나라 사람들이 비슷해요. 이렇게 똑똑한데도 불구하고 더 좋은 것만 바라보고 불만만 얘기한단 말이에요. 모든 사람들이 서로를 향해 '나 건드리기만 해봐! 화낼 거야!' 하고 노려보는 느낌이거든요.

박_ 아, 우리나라는 사춘기가 맞나봅니다, 정말(웃음).

그래도 한 가지 희망적인 이야기를 나눌게요. 저희 교회를 자랑하는 것 같아서 좀 그렇지만, 그래도 어떤 사례 정도는 될 수 있을 거 같아서 나눠볼게요. 현재 저희 교회와, 교회가 함께하는 기관이나 모임들에는 장애를 가진 분들과 이주배경을 가진 분들의 비중이 꽤 높아요. 그러다 보니 저희 집 아이들은 장애와 다양한 문화적 배경의 사람들에 대해서 별다른 이질감을 느끼지 않아요. 늘 만나는 사람들, 누나, 형, 친구들이다보니 우리 아이들에겐 이게 그냥 삶인 거예요.

저희 교회에 청년화상경험자 모임 위드어스 공동대표이자 아신대학교에서 강의하는 최려나씨가 성도로 있어요. 어린 시절부터 같이 자랐기 때문에 우리 아이들은 려나씨를 누나라고 부르는데, '화상으로 인한 장애를 가진 려나 누나'가 아니라 '그냥 우리

려나 누나'로 여기는 거죠. 그냥 려나 누나의 특성 중에 하나가 장애인 거예요. 제 한쪽 눈이 안 보이는 게 우리 아이들에게 일상인 것처럼 말이죠.

저는 이게 오히려 진짜 필요한 교육이 아닐까 해요. 작정하고 앉혀 놓고 주입식 교육을 하면서 더 반감을 갖게 하는 게 아니라, 그냥 자연스럽게 그러한 환경에 노출이 되면서 어우러지게 되는 거죠.

한 가지만 더 나눈다면, 저희 교회에는 한 쪽 눈은 제 안 좋은 쪽 눈보다 아주 조금 더 잘 보이고(눈 바로 앞에 두면 글자가 보이는 정도), 다른 한 쪽 눈은 조금 더 안 보이는 분이 있어요. 대학과 대학원에서 특수교육을 전공하고 현직 특수학급 교사로 일하는 박성희씨에요. 훌륭한 교사이자 성실한 시민이죠. 제가 몇 년 전 성희씨와 선교를 다녀왔거든요. 그런데 그 때 성희씨가 저를 제일 많이 도와줬어요. 저를 제일 많이 도와주는 것을 넘어 우리 두 아이들을 다 챙겼어요. 먹을 때, 씻을 때, 제가 다른 사람들과 함께 있어야 할 때 등등요.

더 놀라운 건, 성희씨가 려나씨의 룸메이트였는데, 당시 21일이나 병실에서 밀착 간호를 한 적이 있어요. 려나씨가 화상 피부 재건을 위해 입원했을 때에요. 아예 병원에서 숙식을 함께 하면서 있었어요. 그때 전 교인이 다 놀랐어요. 본인도 불편한 것들이 있는데 말예요. 심지어 성희씨가 학교 일로 중간에 자리를 비워야 하는 날 성도님들이 돌아가며 몇 시간씩 려나씨 곁에 있었는데 려나씨를 돌보려면 어떻게 해야 하는지 메뉴얼북을 만들어 주더라고요. 성희씨의 섬세함과 간호스킬에 모두가 놀랐죠.

알고 보니 성희씨가 어렸을 때부터, 어머님께서 딸을 그렇게 키운 거예요. 너는 다닐 수 있어, 아무 데나 다 갈 수 있어, 무엇이든 할 수 있어, 이렇게 가르치신 거죠. 성희씨는 새로운 목적지를 갈 때 구글 지도를 미리 다 뽑아 가지고 건물을 다 표시해서 머릿속으로 외우고 가요. 거침이 없어요. 그리고 우리 둘째가 주말마다 하는 이야기는 "성희 누나 오늘 뭐한대?"에요. 같이 온라인에서 만나 포켓몬 게임을 하고 놀거든요.

소_   놀라운 케이스네요. 저로선 참 놀라워요.

두 번째 대화를 나누며
우리들의 대화는 전보다 좀 더 깊어진 느낌이었다.

서로의 경험과 생각을 존중하며
존중의 마음이 우리를 더 깊은 세계로 이끌기를 기대하며,

그렇게 두 번째 대화를 마쳤다.

장애인 중심, 독일 버스에 놀라다

박송아

"몇 급 장애인이신가요?"

유학을 하던 시절 지인으로부터 그 질문이 내게 던져진 이유는, 독일에서 장애인으로 등록을 하고 나면 받을 수 있는 혜택에 대해 이야기를 해 주시기 위해서였다. 독일에는 장애인들이 장애를 조금이라도 덜 느끼고 살아갈 수 있는 여러 가지 장치들과 제도들이 있었기에 어서 빨리 장애인으로 등록을 하고 혜택을 누리라는 것이 그분 이야기의 골자였다.

다양한 복지 서비스를 제공하는 독일.

시각장애인으로 등록을 하는 경우, 국민뿐 아니라 유학생, 이주민들에게까지 시력을 향상하거나 눈이 보이지 않을 때의 불편을 최소화할 수 있는 다양한 서비스가 제공된다고 했다. 실제로 알아보니 안경, 렌즈는 물론이고, 렌즈액부터 보관함, 선글라스까지 무료로 제공을 받을 수 있었다.

그럼에도 불구하고 선뜻 장애인 등록을 할 수가 없었다.

나의 장애를 장애로 인정하게 된 이후 장애인을 바라보는 내 인식, 나 스스로를 바라보는 마음은 변화하였으나 '국가에 등록된 장애인'으로 살며 무언가를 지원을 받는다는 것은 여전히 쉽지 않은 결정이었다. 결국 독일에서의 장애인 등록을 포기한 채, 정확히 말하자면 거부한 채 한쪽 눈을 위한 렌즈를 한국에서 계속 공수 받아 살았다(당시의 독일 렌즈 값, 안경 값은 가히 놀랄만한 수준이었다!).

등록은 하지 않았으나 스스로 장애인이라고 인정하게 된 후에는 다양한 곳에서 만나게 되는 장애인들을 그냥 지나칠 수가 없었다. 당사자가 되고 나니 이전에는 '불쌍한' 존재로 느껴졌던 분들이 '역사가 있는', '스토리가 있는' '한 사람'으로 보이기 시작했다. 그리고 독일의 베리어프리(Barrier-free, 장애인 및 노인 등 사회적 약자들이 편하게 살아갈 수 있게 물리적인 장애물, 심리적인 벽 등을 제거하자는 운동 및 정책) 서비스들을 또 다른 시선으로 바라볼 수 있었다.

1997년, 처음 독일에 도착해서 놀랐던 것 중 하나는 바로 버스

시스템이었다. 정류장마다 쓰여 있는 출발 시간에 정확히 도착하는 것은 물론(당시에는 정말 놀랄 만큼 1초도 틀리지 않았는데, 지금은 많이 늦어지기도 한다고 들었다), 승객들이 많아도 다음 정류장 도착 시간에 정확히 도착했다. 가장 놀랐던 것은 단연 휠체어 탑승이 가능한 저상 버스의 존재였다. 당시만 하더라도 한국에는 저상 버스가 없었고, 계단을 올라야만 버스를 탈 수 있었으니 저상버스의 존재만으로도 놀라웠는데, 버스가 변신하는 모습을 보고 정말 너무 놀랐던 기억이 있다.

어느 날 학교에 가는 길이었다. 버스를 기다리는 내 앞에 전동 휠체어 한 대가 서 있었다. 전동 휠체어가 버스에 들어갈 거라는 생각을 아예 하지 못하고 '저분은 왜 여기에 계시지?'라고 생각하는 순간 버스가 도착했다. 버스가 천천히 정류장 앞에 섰고 문이 열렸는데, 갑자기 버스가 변신을 하는 게 아닌가! 버스가 오른쪽으로 천천히 기울어지더니 버스 하단에서 길고 넓은 판이 뻗어져 나왔다. 놀라고 있는 사이, 전동 휠체어를 타신 그분은 너무나 익숙하게 그 판을 통해 버스 중앙 넓은 곳에 자리를 잡았고, 이후 모든 승객이 다 자리에 앉은 후에 버스는 천천히 출발했다.

모두가 너무나 익숙하게 버스를 타고 가는 그 시간…
홀로 느낀 충격이 아직도 생생하다.

독일의 길, 건물 곳곳에서 많은 장애인 분들을 만날 수 있는 이유

열 번쯤은 만나야 틈이 생깁니다

는, 그만큼 휠체어로 닿을 수 있는 곳이 많았기 때문이라는 것을, 한국에서 휠체어 탄 분들을 많이 보지 못하는 것은 그만큼 휠체어가 다닐 만한 길이 없기 때문이라는 것을 알게 되었다. 이후 독일에서 7년의 시간을 살아가면서 장애가 장애로 느껴지지 않도록 구조와 시스템을 바꾸는 것의 중요성을 느꼈다.

> 한국장애인 실태조사에 따르면 전체 장애인의 약 45%가 실외활동이 불편하다고 응답했고, 불편한 이유로 47%가 '편의시설 부족'을 꼽았다. 환경을 조금만 바꾸면 걷지 못하는 다리가, 잘 잡지 못하는 손이, 보이지 않는 눈이, 듣지 못하는 귀가 장애가 되지 않는다. 진짜 장애는 모두를 고려하지 않은, 물리적 제도적 장벽을 높이 세운 환경에 있다.

이지선 교수 한국일보 칼럼 '공존의 지혜' |
<장애의 장벽을 허무는 모두를 위한 디자인> 중 발췌

자동문도, 막대 모양의 문고리도, 저상버스도, 처음에는 장애인들을 위한 디자인에서 출발했다고 한다. 그런데 결국 그러한 선한 생각을 통해 장애가 없는 이들도 편해지는 훌륭한 제품들이 탄생했다. 나만을 위한 세상이 아니라 다 같이 살아가는 세상을 위해 우리의 상상력을 사용할 때, 결국에는 나에게도 도움이 되는 세상이 오지 않을까?

우리나라도 장애를 가지고 살아가는 분들을 길에서 많이 만날

수 있는 날이 오기를. '모두를 위한 디자인'과 그러한 생각들이 넘쳐나 우리 모두가 서로를 '한 사람'으로 바라보며 더불어 잘 살아가는 사회를 기대해본다. 시각장애인으로서의 혜택은 누리지 못하였으나 수많은 '모두를 위한 디자인'을 누리고 왔던 독일에서의 시간이, 문득 그리워진다.

토막글 4_

할아버지의 소원

홍성훈

　우리 할아버지의 가장 큰 소원은 당신의 맏손자가 평생 안정되게 잘 사는 것이었다. 나는 60여 년이 지난 지금까지도 할아버지의 입에 늘 걸려 있었던 말씀을 기억한다. "내 살았을 때 저놈 가게라도 하나 내줘야 할 텐데…" 고등학교 입학시험에 합격한 후 부산 할아버지 댁을 들렀을 때, 그 때가 돌아가시기 1년 전이었는데, 그 때 물으신 것도 비슷했다.

　"요즘 세운상가 한 칸 얻는 데 얼마냐?"

　움직이지 못하니 배울 기회도 없을 것이고, 그러니 하다못해 '시계포나 전당포 한 칸'(할아버지 표현)이라도 내줘야 편히 눈을 감을 수 있겠다 생각하셨던 거다. 나의 학력이 점점 높아지면서 그 가게의 규모도 올라가서, 마침내 '집에 딸린 시계포나 전당포'가 '세운상가 가게터'로 업그레이드되었고, 이런 할아버지의 소원은 당신께서 돌아가심과 동시에 멈추게 되었다.

　그 시절, 장애를 가진 사람은 마치 없는 사람처럼 집에 숨겨져 살아가는 것이 대부분이었다. 부끄러워서 내놓기 싫고, 움직일 수 없어서 나가지 못하고, 그래서 결국 장애인은 가정에서 뿐만아니라 사회에서도 서류상으로는 있지만 실제로는 어디서도 만나기 어려운 처지가 되었다.

장애인의 이동권은 비단 움직임의 자유에만 머무르지 않는다. 기회이고, 평등을 향한 기초적인 조건이다. 생존이라고도 할 수 있다. 같은 수입이라도 자신이 직접 일하여 벌기 원하며, 나도 도움만 받는 존재가 아니라 비장애인처럼 세금도 내며 살고 싶고, 이로써 같은 시민으로서 비장애인과 동등한 대접을 받고 싶은 것이다.

그러한 의미에서,
장애인의 이동권 주장은 그 소망이 실현되기 위한 시작이다.

상시적인 시혜의 대상이 아닌,
동등한 인격으로 대접받고 싶은 가능성의 시작!

우리들의
세 번째 이야기

. . .

받아들인다는 건 무엇일까?

그리고

우린, 함께 살아갈 수 있을까?

우리들의 세 번째 이야기

우린, 함께 살아갈 수 있을까?

• • •

소_ 오늘, 한 가지 새로운 논의를 이어가고 싶습니다. 아주 두루뭉술하게 '약자'라고 표현했을 때, 사실 모든 건 상대적이잖아요. 내가 어떤 집단의 어떤 상황 속에서는 약자가 될 수도 있고, 반대 상황에선 강자가 될 수도 있는 거겠죠.

그런데 우리들에겐, 보통 약자를 대할 때 극단적인 두 가지 마음이 공존하는 것 같아요. 한 가지 마음은 인간 본연의, 동정심 혹은 안쓰러워하는 마음이나 감싸주고 싶다는 마음이겠죠. 그리고 또 다른 마음은 그 약자를 그냥 쫓아내버리고 싶은 마음이지 않을까 싶어요. 약자가 귀찮은 거겠죠. 결국, 이 두 가지 마음으로 규정할 수 없는 복잡한 마음이, 소위 말해 약자를 향해 품게 되는 마음 아닐까 싶어요. 최근에 경험한 저의 이야기를 좀 나눠볼까 합니다.

저랑 아주 친한 동생이 한 명 있는데, 속된 말로 개차반 같은 삶을 사는 동생이었어요. 한 번은 법적으로도 위기가 올 뻔했었고, 그야말로 거의 인생을 포기하고 어릴 때 살던 곳으로 낙향했던 동생이었거든요.

정신적으로도 많이 아픈 친구였어요. 모두가 그 친구를 포기하다시피 했고, 낙향을 할 때 다같이 눈물의 식사를 했어요. 너무 마음이 아픈데 누구도 이 친구를 감당할 수가 없었던 거죠. 그런데 수년의 시간이 흘러서, 정말 하나님 은혜로, 정말 은혜라고밖에 표현할 수 없을 정도로 많이 좋아지면서 다시 일을 시작했어요. 그리고 지난해 봄에 연락이 왔어요. 결혼 소식이었죠. 그래서 우리가 너무 놀란 거예요. 물론, 다들 엄청나게 축복을 해줬죠.

자세한 사정을 들어보니, 만나게 된 분이 몸이 조금 불편한 분이더라고요. 그렇지만 불편한 몸을 이겨내고 교사로 살아가고 있는, 듣기만 해도 감동적인 분이었어요.

어떤 분일까 상상만 하고 있다가 실제로 결혼식장에 보니 제 생각보다 좀 더 몸이 불편해 보였어요. 걸어갈 때도 천천히 걸어가야 했고, 말을 할 때도 속도가 느린 게 느껴졌어요.

그런데 자세히 보니 신부가 다니던 교회 청년들이 거의 다 온 거 같더군요. '아, 신부가 정말 잘 살아왔구나'라는 게 고스란히 느껴질 정도였어요. 저는 동생의 어려웠던 시절이 떠올라서 참 많이 울었죠. 그리고 수개월이 흘러 동생으로부터 기쁜 소식이 들려왔어요. 아이가 생겼다는 소식이었죠. 순간, 제 속에서 두 가지 마음이 동시에 올라오더라고요.

너무 축하하는 마음도 있었지만, '아이를 낳고 온전히 양육하는 게 가능할까'라는 마음이 동시에 올라오는 거예요. 그래서 축하를 할 때 100% 축하가 안 나오더라고요. 괜히 제 마음이 복잡해지는, 뭐 그런 마음이었어요. 그런데 이런 제 마음이 또 싫더라고요.

박_ 작가님의 그러한 마음 충분히 공감이 됩니다. 장애를 경험해보지 않은 사람들 중 일부는 '장애를 가지고 살아가는 건 절망적일 것이다' '장애를 가진 부모랑 사는 건 불편할 거다' 등의 보편적인 편견 같은 게 있는 거 같아요. 저는 홍 목사님 생각을 한 번 듣고 싶습니다.

홍_ 반대로 물어봐야 하지 않을까요? 그렇다면, 아무런 장애가 없거나 완벽한 조건을 가진 개개인이 만나서 살면 절망이 없는가에 대해서 말이죠.

소_ 아휴, 어저께 저 많이 싸웠습니다(웃음).

홍_ 그 정도는 절망이라고 볼 수도 없죠(웃음).

박_ 절망이 아니라 일상 아닐까요?(웃음).

홍_ 흠, 제 생각을 좀 더 풀어볼게요. 행복이라고 하는 것은, '행복하지 않게 만드는 듯한' 이유에 속하는 것들을 제거한다고 오는 건 아닌 거 같아요. 사실 제가 장애를 가진 사람들한테 자주 하는 얘기들이 있어요. "내가 보기에는 비장애인들만 바뀌어야 할 건 아닌 것 같다. 장애인인 너희들도 바뀌어야 한다!"라는 이야기죠.

장애라는 건, 장애를 가진 사람에게나 장애를 가지지 않은 사람에게나 동등한 주제라고 봐요. 왜냐하면 장애를 가진 사람이 장애를 어려움으로 느끼는 것처럼, 비장애인 역시 마치 장애처럼 자신을 힘들게 만드는, 자기 인생의 어려움이란 건 존재하니까요. 불행한 일이 있다면 그것을 어떻게 극복하거나 설득하는가, 어떻게 덜 불행하게 느끼면서 사는가, 그게 굉장히 중요한 것 같아요. 내게 있는 건 그냥 있는 걸로 받아들이는 것. 이걸 두고 '체념'이라고 표현해도 할 말은 없어요.

한 번 스스로에게 질문을 던져볼게요. 내가 지체장애를 갖고 있다고 하는 것이 불행한가?

사실 난 불행하다고 생각해 본 적이 별로 없어요. 불편하지 않기 때문이 아니라 자유로운 적이 없었기 때문이죠. 뛰는 게 얼마나 편하고 행복한지 겪어본 적이 없었다는 겁니다. 중도 장애인들과는 다른 점이 분명 있는 거죠. 어떻게 보면 태어날 때부터 혹은 어릴 때부터 장애를 지고 있는 사람들은 장애라고 불리는 것들을 갖고 있기 때문이 아니라, 그걸 애초부터 의식 이전부터 경험하고 있기 때문에, 즉 아예 생각 자체가 없다는 게 불행한 것일 수도 있어요.

저 어릴 때 초등학교 다닐 때만 해도 지나가는 할머니들이 저를 보면 눈물이 글썽글썽해 가지고 "얼굴은 잘생긴 게 얼마나 불편할까 몰라" "부모가 무슨 죄가 있어 가지고…" 이런 당혹스런 소리를 제게 풀어 놓으셨습니다. 사람들이 저를 보고 왜 딱하게 생각하는지, 저는 이해하기 어려웠어요.

제가 자유로운 상태를 한때라도 알았다면 이야기는 달라지겠죠. 그러니까 장애인들 사이에서도 상황이나 카테고리에 따라서 느끼는 감정이 다르다는 거예요. 이건 단순한 얘기가 아닌 겁니다.

소_ 그러네요 목사님. 장애를 가진 분들간에도, 장애를 갖게 된 시점이나 상황에 따라서 완전히 다른 스펙트럼에 놓여 있을 수도 있겠어요.

홍_ 그렇죠. 물론 제가 '내가 걸어 다닐 수 있으면 얼마나 편했을까?' 라고 생각할 수는 있어도 그게 절박한 생각으로까지 번지진 않아요. 어떻게 하면 이걸 극복할 수 있을까, 라고 생각하는 게 더 우선적입니다. 나의 행복 혹은 불행을 따지는 게 중요한 문제가 아니란 뜻입니다. 당장 내 앞의 문턱을 전동 휠체어를 타고 넘어 갈 수 있겠느냐는 것이야말로 중요하다는 거예요.

조금 거친 표현을 해볼게요. '내가 괜찮다는데 왜 그렇게 날 딱하다는 듯이 쳐다보고 지랄이야?' 그럴 때가 있어요. 그 시선이 제 겐 고마운 게 아니라 당혹스러워요. 내가 그렇게 불쌍하고 불행한 사람이었나? 나는 지금 당장 이걸 건너가는 게 중요한 사람인데 말이죠.

소_ 한편, 목사님이 세월을 통과하시면서 치열하게 해낸 사고 속에서 지금의 지점까지 도달하신 거 아닐까요?

홍_ 그렇죠.

소_ 그런 의미에서, 장애를 가진 또 다른 분들은 선생님보다 훨씬 더 혼란스러운 생각 속에서, 혹은 훨씬 더 거친 생각 속에서 있을 수도 있겠다는 생각이 들었어요.

홍_ 그렇기 때문에 제가 권면을 하죠. 장애는 어차피 극복할 수 없다. 내가 부인하거나 좋게 생각해도 장애 문제는 내 현실로 딱 안고 있는 건데, 그걸 어떻게 없는 것처럼 살겠는가? 이렇게 말이죠.

오히려 내가 할 수 있는 부분을 현실적으로 생각해보는 게 중요하다고 봐요. 기왕 내가 불편을 안고 산다고 하고, 그게 평생 내게서 없어지지 않는 현실이라고 한다면 이걸 내가 어떻게 안고 살아갈 건가를 염두에 둬야 하지 않겠어요? 이걸 가지고 자꾸 남하고 다르다고 생각하며 자기 정체성으로 삼으려고 하면, 그렇게 할수록 너무 슬퍼진단 말이죠. 그건 벗어날 수 없는 굴레라고, 그걸 인정하라고 얘기하죠.

그래서 투쟁을 통해 약간의 편리함을 받는 것도 중요하지만, "어쩌면 평생 지속될 불편함을 안고 사는 사람이라 하더라도 네가 존경할 만한 속사람을 갖고 있는 사람이 있다"라는 걸 보여주라고 말하고 싶은 거예요. 그렇게 존경받는 길을 택하는 게 차라리 나을 거라고 얘기하죠. '아, 장애인 중에도 존경할 만한 사람이 있구나!' 하는 경험을 주변 사람들이 하게 되면 장애인을 바라보는 눈길에도 약간의 변화가 조금씩 생기지 않을까 하는 기대를 하는 거죠.

제가 일하던 교회에서 교인들에게 늘 하던 얘기가 그거였어요.

나 같은 장애인도 그리 나쁘지 않게 목회할 수 있다는 걸 여기서 경험했으면, 네가 나중에 한국에 가서 어느 교회에선가 교인으로서 청빙 투표할 때 장애인이라서 무조건 담임목사가 될 수 없다고 부표(否票)를 던지지 말라! 내가 너희들한테 큰 거를 기대하지 않는다. 장애가 있다 하더라도 우리와 다를 거 별로 없고, 심방을 받을 땐 아무래도 좀 불편하겠지만, 나름대로 존경할 부분도 있다. 우리 교회 목사님 되는 거 그렇게 나쁘지 않다.

이렇게 생각한다면, 오히려 한 교회에서 어울려 사는 데서 오는 이점이 반드시 있지 않겠어요? 장애인과 비장애인을 완전히 분리시켜 놓으면 서로 상상력만 키울 뿐이거든요.

소_ 그렇죠, 좋은 상상이 아니라 편견과 고정관념이 깊어지고, 서로를 대상화시켜버리는 못된 상상력일 수 있겠죠.

홍_ 저는 그래서 저를 불러준 교회에 대해서 고맙게 생각해요. 나를 믿고 선택해줘서, 그게 오히려 제가 더 열심히 일할 수 있는 이유가 되는 거죠. 장애인들을 잘 사용하는 법이 있다면, 그건 그들을 믿어주는 거예요. 장애를 가진 사람은 책임을 맡으면 엄청 열심히 해요. 책임감이 강하거든요.

박_ 그 부분에 대해서 나누고 싶은 이야기가 있어요. 앞서 한 번 언급한 최려나씨 이야기에요. 려나씨를 보면 깜짝 놀라요. 정말 모든 걸 잘 하거든요. RISS 같은 학술 검색 사이트에 들어가서 이름을 검색하면 어마어마한 KCI급 논문이 나와요. 해외학술지 등재 논문도 많고요. 청년화상경험자 모임 위드어스 공동대표로 일할 때 곁에서 보면 기획도 잘 하고, 사람들과 관계도 정말 잘 맺어요. 그런데 몇 가지 잘 하기 어려운 것도 있어요. 페트병의 물을 혼자 마시는 거예요. 사고를 만난 후 손이 조금 불편하게 되었거든요. 그래서 대부분의 사람들이 아무 생각 없이, 큰 노력 없이 여는 페트병의 뚜껑은 쉽사리 딸 수가 없어요. 그런데 곁에 병뚜껑 따주는 누군가 한 명만 려나씨 곁에 있으면 전혀 어려움을 겪지 않을 수 있는 거죠.

소_ 지난 '카타르 월드컵'에서 손흥민이 부상으로 헤딩을 못하는 상황이라서 동료들이 대신 헤딩을 열심히 해준 거랑 비슷한 원리네요.

박_ 맞아요. 장애를 가져서 불행한 이유는, 옆에서 자꾸 불행하다고 말하니까 더 그렇게 된다고 봐요. 그래서 제가 엄마한테 고마워요. 엄마는 아직도 제게 장애가 있는 걸 인정 못하시거든요(웃음). 아니, 인지 자체를 못하시는 것 같아요. 저는 정말 자세히 설명해 줬어요. 심지어 어저께도 붙잡고 설명을 했어요. 그런데 엄마가 아직도 아리송 다리송한 표정을 지어요. 그게 답답할 때도 있었는데, 돌아보니 엄마가 저의 장애를 크게 의식 혹은 인식하지 않고 저를 대해서, 오히려 그래서 저는 지금의 제가 될 수 있었다고 생각해요. 엄마가 맨날 절 보면서 "너를 어떡하면 좋겠니" "네가 눈이 한쪽밖에 안 보여서 얼마나 불쌍하니" 이러면서 키웠으면 저는 지금의 제가 되지 못했을 거란 말이죠.

스스로 장애인인 것도 모르고 살 만큼, 그 어떤 분위기가 만들어지고 주변 사람들이 어떻게 해 주냐에 따라 장애인의 삶은 달라질 수 있는 거죠. 려나씨나 성희씨를 곁에서 보면 스스로 장애인이라고 생각하지 않고 사는 것처럼 보여요. 그림을 못 그리는 저같은 사람이 '나는 왜 미술을 못할까', '그림을 못 그리는 건 너무 불행해!'라고 굳이 하루종일 생각하지 않는 것처럼 말이에요. 사실 저도 하루종일 '나는 시각장애인이야' 하지 않거든요. 저의 장애가 구체적인 상황과 만났을 때 비로소 저의 장애와 직면하게 되는 거죠. 미술관에 가서 너무 멋진 작품을 만났을 때 '아, 나도 그림을 잘 그리면 얼마나 좋을까!' 정도로 생각하는 것처럼요.

려나씨는 정말 자기의 길을 너무나 잘 가면서, 자신의 불편함을 주변 사람들에게 편하게 말하고 도움을 요청해요. 요청을 받은 저희는 또 아무렇지 않게 그 부분을 채워가고요. 그런 분위기가 단 한 명에게라도 주어질 수 있다면, 거기서부터 작은 변화가 시작될 수 있지 않을까요?

소_ 예, 지금 말씀하신 '작은 변화'가 더 큰 변화를 위한 매우 소중한 마중물이 될 수 있겠네요.

박_ 이러한 공생이나 상생을 시민 개념이라고 한다면, 이러한 개념이 우리가 살아가는 한국에 정착되어야 한다고 봐요. 100% 완벽한 가능성이 아니라 51%의 가능성을 붙들고 계속 문을 두드려야 하는 거겠죠.

사람마다 자기가 잘하는 게 있고 잘 못하는 게 있는 거잖아요. 내가 잘 하는 건 내가 하면 되고, 내가 잘 못하는 건 상대방이 하면 되는 거죠. 음악을 잘 하는 사람은 음악을 하면서 누군가를 위로하고, 치료를 잘 하는 사람은 의사나 간호사, 치료사가 되어 누군가를 살리는 것처럼요. 모두가 모든 걸 할 수 없는 것처럼 그렇게 서로 채우면 어떨까 하는 생각을 해요.

어쩌면 우린
서로를 완전히 분리시켜 놓고
상상력만 키워왔는지도 모르겠다.

세 번째 대화를 나누며
우리는 나만의 상상력을 줄이고
서로에게 더 다가갈 수 있었다.

대범함과 찌질함의 사이에서

홍성훈

몇 년 전 한국을 방문했을 때였다. 코로나가 극성을 부리던 해여서, 입국하자마자 두 주 동안 격리가 의무였다. 들어오기 전에 동기 목사님의 소개로 연천 근처의 한 수련회장을 격리장소로 잡았다. 그런데 도착해 보니 보일러를 돌리는 걸 관리자가 잊는 바람에 물이 나오질 않았다. 영문을 몰라서 당황하다가, 어쨌거나 '날이 밝아야 연락해서 손을 볼 수 있겠지' 싶어 씻는 것은 포기하고 잠자리에 들었다.

그런데, 이런 사소하다면 사소한 일이 벌어지면 자주 경험하는 당황스러움이 이번에도 찾아왔다. 미리 알았더라면 그냥 그러려니 하고 잠을 청하겠는데, 예상치도 않은 일이 벌어지니 허둥대고, 허둥대다 보니 생각지도 않은 상황을 맞고, 그러다 보니 아내와 내가 감정의 날을 세우는 것이다. 물론, 시작은 아주 단순하고, 사소하고, 감정의 골이 생기는 동기는 심지어 선의(善意)에서 비롯된다. 서로를 위한다고 했지만 결과는 언성이 높아지는 것이다. 아내는 불편한 나를 염려해서 선의를 베풀려는 마음에 뭔가를 자꾸 내게 제안하고, 나는 그렇게 나를 배려하려고 신경 쓰는 아내를 편하게 하려는 선의에서 뭔가를 괜찮다고 하다가 결과적으로 감정이 대립하는 것이다.

그날 밤. 달리 방법이 없으니 잠이나 자자고 숙소에 드러눕긴 했는데, 이상하게 둘 다 잠이 오질 않았다. 그래서, 잠을 자지 않고 아내와 함께 긴 이야기를 나눴다. 30년 넘게 살면서도 장애인 당사자로서의 내 이야기를 이렇게 길고 진솔하게 나눠본 것이 이번이 아마 처음이지 싶다. 뭐, 별건 아니다. 그냥, 사람이 보는 장애인으로서의 나와 아내가 볼지도 모르는 장애인으로서의 나의 차이랄까…

요점은 이렇다. 장애인은 보통 자신이 살아야 하는 불평등한 환경에 대해서 대범해 보인다. 차라리 일시적으로나 중도장애를 입은 사람이 그런 환경에 예민하다. 그건, 사실 대범해서가 아니다. 극복하고 초월해서도 아니다. 그냥, 체념한 거에 가깝다. 자기를 보호하려는 반응에서 나왔을 수도 있다. 해도 안 되는 것에 분노해봐야 무슨 의미가 있겠는가. 현실을 살아야 하는 버거움 때문에 그런 구조적인 문제에는 분노할 시간도 없고, 가치를 느끼지도 못한다. 때로 이런 태도는 냉소적으로 보이기까지 한다.

그런데 그렇게 대범한(?) 장애인이 오히려 바로 눈앞의 불편함에는 예민하다. 가령, 화장실 가는 복도 중간에 뭘 놔두면 나는 금방이라도 입 밖으로 불평이 터져 나올 듯이 기분이 안 좋다. 그 기분의 근원을 따져 보면 내 움직임을 배려해주지 않은 이에 대한 야속함이다. 이런 일들이 어디 하루에 한두 번이겠는가. 그러다 보니, 나와 가장 가까이 사는 아내에게 있어서 나란 존재는 '짜증을 자주 내는 사람'으로 보일 수밖에 없다.

불편하면 말하지 뭘 짜증을 내느냐고 말할 수도 있겠다. 실제로 많은 사람이 그렇게 말한다. 그러나 그렇지 않다. 장애를 오래 경험하는 사람은 무슨 일이든 어렵겠다 싶은 순간부터 저걸 어떻게 '(내 힘으로) 돌파하는가'에 몰두한다. '누구와 함께' '누군가에게 도움을 요청'이라는 옵션은 그 순간 여백조차 없는 경우가 많다. 비장애인은 그걸 자존심이라 지적하는데, 실상은 평생 그렇게 살아보지 못하고 홀로 살았다는 경험치 때문이다. 그러니 내가 가는 길목에 무심하게 놓인 수건 한 장 같은 작은 일에도 예민해질 수밖에 없는 것. 한마디로, 장애인은 표면상 변덕스럽게 보일 수 있다는 것이다.

따지고 보면, 내 나이쯤 되면 그런 나와 살아야 하는 아내를 보듬는 것이 맞다. 이제는 너그러워져야하지 않겠나? 그런데 그게 쉽지 않으니, 그 어이없는 돌발 상황에서 아내와 합력을 못하고 혼자 '짜증을 냈다' '대범한 척 했다'를 반복하는 듯이 보이는 나를, 아내에게 설명해주고 싶었던 것이고…

그런 불편한 상황을 당할 때 책하는 것(잘못을 꾸짖거나 나무라며 못마땅하게 여기는 것)으로 화를 푸는 경우도 설명하고 나니, 어느덧 새벽 2시 반⋯

아, 인생은 쉽지 않다!

모두를 위한 점자블록

박송아

스스로 시각장애인이라는 것을 인정한 이후, 나 또한 시각장애에 대해 얼마 모르고 있다는 것을, 아니 거의 모르고 있다는 것을 알게 되었다. 나쁜 쪽 눈이 0.02 이하이기에, 개정 전에 '6급 장애인'이었던 나는, 이제 '장애의 정도가 심하지 않은 장애인'으로 분류된다. 한국보건사회연구원의 시각장애인에 대한 정의를 살피면 '눈의 여러 가지 기능장애를 포괄, 물체를 식별하는 시력기능에 장애를 초래하는 경우'라고 되어 있다.

현재 나는 오른쪽의 시력이 전혀 없다. 그 이유는 시신경이 '부족'하기 때문이다. 시력을 측정할 수 없기 때문에 시력이 없다고 기록되었지만, 모든 것이 검게 보이지는 않는다. 오른쪽 눈으로 글씨는 볼 수 없지만, 아주 희미한 색들과 빛을 볼 수 있다. 나 같은 사람을 '저시력자'라고도 한다. 2005년 장애인으로 나라에 등록을 하고 복지카드를 받았다. 복지카드를 발급받으면 할인혜택을 받을 수 있는 경우가 있다. 그래서 통신비를 할인받기 위해 통신사에 복지할인 신청을 한 후 당황스러운 경험을 한 적이 있다.

신청한 다음 달에 도착한 청구서를 열어보니 온통 하얀색으로 비어있는 두꺼운 종이가 떨어지는 게 아닌가. 프린트가 되지 않고 왔나 자세히 보았더니, 그 종이는 바로 점자로 된 청구서였다. 보통 '시각장애인'이라고 하면 전맹(사전적 정의는 '빛을 전혀 지각하지 못할 정도로 시각에 장애가 있는 상태. 또는 그런 상태에 있는 사람'이다. 즉, 시신경이 전혀 없어서 빛을 지각하지 못하는 상태를 말한다)의 상태라고 생각하는 경우가 많지만, 두 눈이 다 나의 오른쪽 눈 같으신 분들이 전체 시각장애를 지니신 분들 중 더 많다고 한다. 장애인에 대해, 장애 등급에 대해, 각자의 상태에 대해 알지 못할 때 이런 실수가 발생할 수 있다.

한쪽 눈은 잘 보이는 나 같은 사람이 실수로 점자 청구서를 받는 것은 그렇다 칠 수 있지만(물론, 더 섬세한 장애감수성이 필요한 건 맞다.) 이런 인식 부재의 문제로 인해 시각장애인을 위한 점자블록이 제 역할을 못하는 경우가 너무 많다. 점자블록이 노란색인 이유는 흰 지팡이를 눈으로 사용하는 전맹의 시각장애인 분들과 함께, 두 눈 다 내 오른쪽 눈 같이 색깔과 빛만 보이는 시각장애인들이 눈으로도 길을 찾아갈 수 있도록 하기 위해서이다. 전맹의 상태이신 분들에게는 없어서는 안 될 '길'이고, 저시력인 분들을 위해서는 'exit등' 같은 존재인 것이다. 점자블록은 도로 디자인의 일부이다. 이러한 디자인은 장애를 가지고 살아가는 이들뿐만 아니라 대다수에게 유용한 디자인이다.

영화 <엑시트>에서는 주인공들이 급박한 상황 속에서 점자블록을 보고 탈출하는 장면이 등장한다. 장애인들의 생존을 돕는 데에 결정적인 역할을 하는 것들은 비장애인들을 위해서도 유용할 때가 많다. 눌러여는 문손잡이도 마찬가지다. 잠시 손을 다쳤을 때, 돌려 여는 문손잡이와 눌러 여는 손잡이가 얼마나 큰 차이일지 생각해 보자.

이러한 장애 감수성 관련 콘텐츠들이 더 많이 제작되고, 보이고, 정책의 변화까지 일으키면 좋겠다. 나의 불편과 편함의 기준, 미관의 기준이 누군가에게는 안전과 위협을 가르는 선택이 될 수 있음을 생각하면 좋겠다. 내가 누군가의 편의를 위해 무언가를 할 때 그 일이 언젠가 나를 살릴 수도 있다는 것을 생각할 수 있다면 좋겠다.

서로를 살리기 위해 애쓰며 그로 인해 나도 사는, 함께 더불어 살아갈 수 있는 세상을 만들 수 있기를 진심으로 바란다.

우리들의
네 번째 이야기

. . .

당연하다고
생각한 질문이

열 번쯤은 만나야 틈이 생깁니다

나의 존재를

흔들 때가 있다.

나의 처지를

인정한다는 것,

고된 과정이지만 기어코

도달해야 하는 곳.

우리들의 네 번째 이야기

당연하다고 생각한 질문이
나의 존재를 흔들 때가 있다.

• • •

소_ 저는 재작년 말, 근무하던 교회에서 사임했어요. 그러니까, 어찌
보면 고정적인 월급을 내려놓고 생계 전선에 뛰어들어야 되는
상황에 놓였던 거죠. 아이 셋 키우는 가장 치곤 참 철없는 결정
을 한 셈입니다(웃음). 그래서 제가 나름 장점을 가지고 있는 '글
쓰기 교육'으로 소위 말해 생계를 꾸려가겠다는 결단을 했죠. 그
리고 솔직히 말해 삼성이나 현대처럼, 큰 기업에 가서 강의를 하
고 싶었어요. 돈도 많이 벌 수 있을 테고, 저의 커리어도 화려해
보일 수 있으니까요. 그런데 말이죠, 저의 길은 전혀 다른 곳으
로 펼쳐지더라고요. 일단 삼성과 현대가 저를 한 번도 안 부르더
군요(웃음).

현재 제가 살고 있는 주거지가 임대아파트에요. 제가 사는 주거
지에 크게 보아 두 그룹이 살고 있어요. 저처럼 비교적 젊은 부부
한 그룹, 아니면 60대를 넘어선 나이 드신 분들이 또 하나의 그
룹이죠. 그런데 당시 갑자기, 정말 불현듯 제가 사는 동네 주민들

을 대상으로 글쓰기 수업을 하고 싶다는 생각이 들었어요.

그래서 저희 아파트 단지 내 작은 도서관에 있는 사서분을 만난 후, 글쓰기 수업을 기획하게 되었어요. 그렇게 시작된 글쓰기 수업에 한 분 두 분 주민들이 오시기 시작했는데, 정말 사연들이 기구하시더군요. 구성원은 다 여성들이셨는데, 이런저런 사연으로 혼자 사시는 분들이 대부분이었어요. 이혼, 자살, 관계의 깨어짐 등등 저로선 감당하기 힘든 사연을 가진 분들이 많았던 거죠.

정말 부끄러운 이야기지만, 제가 그 자리에 처음 갔을 때 사실 이런 마음을 먹었어요. '나는 이런 자리에 있을 사람이 아닌데? 여기서 색다른 경험을 잘 쌓고, 앞으로 좀더 다양한 사람을 만나봐야겠다.' 쉽게 말해, 숨겨진 야망을 가지고 시작한 셈이죠. 그리고 그 모임을 시작한지도 어느새 5개월이 지났어요.

그런데 놀라운 건, 저에게 그 자리가 너무 편안해졌다는 거예요 (웃음).

그리고 결정적으로, 제가 그 자리를 정말 지키고 싶도록 만든 분이 계세요. 그 분은 폐 기능이 많이 손상되어서 호흡이 버거운 분이에요. 외출할 땐 산소 발생통을 끌고 나가셔야 할 정도거든요. 처음 저를 만난 날 "솔직히 말해서 맨날 삶을 포기하고 싶어요"

라는 고백을 던지시더군요. 그런데 이 분이 한 주 두 주 저와 수업을 하면서 "이 수업 때문에 살아요" 하시는 거예요. 제가 진행하는 글쓰기 수업에 나가려고 힘을 내서 움직이신다는 거죠. 심지어 저보고 "천사"라고 하시니, 제가 어찌나 민망하던지요(웃음).

결국 제가 하고 싶은 말은, 이 글쓰기 수업이 저 자신을 알아가는 과정이었다는 거예요. 나 역시 내 안에 상처가 있음을 인정하는 과정이었다는 거죠. 조금 더 높은 자리를 욕망하며 내 안의 상처를 숨기려고 했고, '상처 입은 자들이 있는 자리는 나랑 어울리지 않는 자리'라고 외면해왔지만, 실은 저도 되게 아픈 사람이었던 거죠. 그래서 저에게 그 글쓰기 수업이 편안하게 느껴지는 거 아닐까요?

박_ 방금 작가님이 말하신 것처럼, 인정하고 직면하는 게 정말 중요하다고 봐요. 저도 유사한 경험을 했거든요.

제가 한 장애인 단체에 속해 특정 지역을 담당해서 일하던 중이었어요. 어느 날, 업무 관련해서 대화를 하던 중에 그 단체 간사님이 저에게 갑자기 "송아씨는 장애인 몇 급이에요?"라고 묻는 거예요. 저 스스로에 대하여 소위 말해 "정상인"이라고 생각하며 살던 저로선, 그 질문에 너무 놀랐어요. 아니, 생각조차 하기 싫은 질문이었어요. 갑자기 자존심이 되게 상하더라고요.

아이러니한 건, 당시 저는 장애인을 위해 살겠다고 다짐하며 그 단체에 들어갔었음에도 정작 스스로가 장애인인 걸 인정하지 않는, 그런 이상한 상태로 살고 있었던 거죠.

그날 밤 집에 가서 밤새 펑펑 울었어요. 하나님께 "제발 이젠 내 눈 좀 고쳐달라"고 부르짖었죠.

소_   아, 한편 그 마음을 알 것만 같습니다.

박_   너무 묘하고 이상한 거죠. 앞부분에서 말한 것처럼, 저의 집에서 아무도 저를 장애인이라고 인정하지 않긴 했지만, 제 스스로가 장애인인 걸 알잖아요. 그런데도 그 날 그 질문이 저에게 훅- 하고 들어온 느낌이었던 거예요. 그분 입장에서는 너무나 당연한 질문을 한 건데 말이죠.

저는 하나님이 전능하신 걸 믿고 있고 너무 낫고 싶은 상태로 살아가는데, 당시 어떤 목사님은 계속 저한테 "네 간절함이 부족해서 낫지 않는다"고 했어요. '내가 믿음이 없나?' 싶었죠. 저는 하나님이 전능하신 것도 믿고 천지창조 하신 것도 믿고 하나님이 나를 사랑하는 것도 아는데, 왜 안 고쳐주시나 싶었어요. 논리적으로 안 맞잖아요.

그런데 그렇게 울다가 보니, '내가 왜 이렇게 울고 있지?' 싶은 거예요. '아, 내가 나를 장애인으로 인정하는 걸 너무 싫어하고 있구나! 그래서 그 당연한 질문에 분노한 거였구나!' 깨닫게 되었어요. '아, 이 사람이 나를 장애인으로 보네!' 싶어서 분노했던 거죠.

그날 밤을 넘어가면서 저에게 어떤 변화가 있었냐면, 제가 장애인인 걸 처음으로 인정하게 된 거예요. 그래 맞아 내가 장애인이지. 한쪽 눈이 안 보이는 건 시각장애가 맞잖아? 이런 인정이었어요. 그리고 일련의 과정을 겪으며 아, 내가 마음속으로 장애인은 불쌍하고 비정상이라고 생각하고 있었구나. 그러다 보니 내가 장애인이라는 걸 받아들이지 못한 상태로 살고 있었구나. 이걸 깨닫게 되었죠.

또 내가 눈을 뜨게 되는 건 간절함의 문제도 아니고 하나님의 전능하심에 대한 문제도 아니구나, 라는 걸 알게 되었어요. 하나님이 나를 이 모습으로 만들 수도 있는 거구나. 하나님은 실수도 실패도 없으신 분이신데, 그렇다면 나를 이렇게 만드신 이유가 있겠구나. 그런 생각들을 했죠. 물론, 이런 인정이나 직면은 결코 타인이 강요해서는 안 되겠죠. 너무 폭력적이니까요.

그후 한국에 나와서 장애인으로 등록을 했어요. 저의 정체성이 장애인이라는 걸 인정하고, 그걸 남들한테도 당당하게 말하게 된 거죠. 전에는 장애인을 엄청 불쌍한 존재로 바라봤다면, 그러한 시각도 변하게 되었어요. 그랬기 때문에 저희 만남 초반에 이야기했던 둘째와의 대화가 가능했다고 생각해요. 장애인은 '비정상'이 아니다, 라는 생각 말이죠.

소_   송아 선생님 이야기들이 저로선 너무 이해가 가요. 저도 자살 유가족이 되고 나서 유사한 느낌을 가졌거든요. 당시 상황을 좀 나누자면, 어머니를 자살로 떠나보내고 2개월인가 있다가, 제가 아는 감정 코치님이 저에게 제안을 하나 했어요. 당시 제가 겪은 슬픔에 대한 이야기를 진솔하게 나눈 인터뷰집을 남겨보자는 제안이었어요. 저 역시 저의 마음을 진솔하게 털어놓고 싶었기 때문에 수락했죠. 그렇게 2-3개월 정도 꾸준히 대화를 이어갔어요.

그렇게 작업이 이어지던 중, 그 감정코치님께서 "우리가 하고 있는 이 작업이 누군가에겐 정말 의미 있는 작업일 수 있으니 이 작업의 의미를 알만한 분들에게는 자연스럽게 알리고 싶다"고 했어요. 저도 좋다고 수락했죠. 그리고 그 감정코치님께서 저에 대한 소개글 같은 걸 써서 보내주었어요. 그 내용의 핵심은, "소재웅님은 어머님을 자살로 잃고 자살 유가족이 되었다"는 내용이었어요. 그런데 그 소개문을 받고 나서 제 안에서 분노가 치밀어

오르더군요. 누군가 저를 '자살 유가족'으로 규정했다는 사실이 저를 엄청나게 화나게 만들었던 거죠.

돌아보면, 그 감정 코치님이 저에게 갑자기 그런 이야기를 꺼낸 것도 아니었고, 저랑 이미 수십 시간 동안 저의 마음에 대해서 대화도 했고, 어머님의 자살에 대해서 속 깊은 얘기를 다 나눈 사이였어요. 그런데 타인의 언어로 제가 자살 유가족으로 규정되는 순간 분노가 치밀어 오른 거예요.

저도 분노를 조금 가라앉히고 "코치님, 코치님이 써주신 소개글을 보니 거부감이 엄청 드네요" 그랬어요. 제가 그랬더니 그분도 깜짝 놀란 거죠. 이미 수개월 동안, 꾸준히 대화를 나눠왔는데 갑자기 제가 화를 내니까 그분도 그야말로 멘붕에 빠진 거죠. 결국, 다시 깊은 마음을 나누며 오해를 풀었어요. 남자 둘이 펑펑 울면서 대화를 나눴죠(웃음).

이렇게, 자살 유가족이라는 단어를 저의 단어로 여기기까지 꽤 오랜 시간이 걸리더라고요. 제 입으로 표현되기까지 시간이 걸렸고, 더 나아가 누군가가 나를 '자살 유가족'으로 지칭했을 때 밀려오는 짙은 거부감이 사라질 때까지, 또 다시 새로운 시간이 걸렸고요.

박_ 나의 처지를 인정한다는 것, 그건 참 고된 거 같아요. 그러나 기어코 도달해야 하는 지점이기도 하고요.

홍_ 두 분 이야기를 들으니 장애인으로서의, 혹은 어떤 슬픈 사건을 겪은 사람으로서의 정체성을 인식하고 그걸 자기화 하는 과정에서의 어려움을 충분히 느낄 수 있습니다. 들으면서, 제가 여기에 끼어들 여지가 있을까 생각해봤어요. 저는 두 분에 비한다면 준 선천적 장애인, 말하자면 엄마 뱃속에서부터 장애인으로 태어난 건 아니지만 그럼에도 내 의식이 기억하는 시간 이전부터 장애인으로 살아온 사람이잖아요. 이런 처지에 제가 무슨 말을 보탤 수 있을까요… 저는 두 분과 달리 정체성의 모호함 가운데 살아온 에피소드를 두 가지 말하고 싶습니다.

오래 전, 딸이 초등학교를 다닐 때 기억입니다. 그 때 저희 가족이 네덜란드에서 살고 있었어요. 그런데 딸아이가 학교에서 있었던 일을 이야기하는 거예요. 딸은 제가 다니던 신학교의 교단이 운영하는 미션스쿨에 다니고 있었거든요. 이 학교는 일주일에 한번 가까운, 장애인과 노인들이 함께 살고 있는 센터에 가서 봉사활동을 했습니다. 학생들은 여기에 가서 휠체어를 밀고 나가 거동이 불편한 분들과 함께 인근 산책로를 걸었습니다. 딸이 이야기하더군요.

"아빠, 거기 센터 가서 처음으로 휠체어 탄 분들을 보니까 약간 무섭고, 그래서 어색했거든. 근데 몇 번 만나고 보니까 약간 익숙해진 거야. 그 때 갑자기 생각이 났어. '아참, 우리 아빠도 장애인이지! 히히…'"

이 말을 듣고 제가 웃으며 말했습니다. "야, 그럼 아빠가 장애인인 줄도 모르고 살았던 거야?"

아내가 참견을 했습니다. "딸 말이 맞네. 당신이 무슨 장애인이야? 하하…"

이런 비슷한 에피소드가 우리 집에선 자주 벌어집니다. 장애인 흉내 내지 마라, 그 정도는 당신도 할 수 있다, 부엌 가서 식초 좀 가져와라… 등등의 잔소리를 아직도 듣고 있죠. 이런 이야기는 제가 평소에 장애인이 아니라고 생각하기 때문에 듣는, 일종의 깨우침이나 강요가 아닙니다. 제가 그만큼 가족들 사이에서 장애인이라 인정되지 않을만한 비차별적인 경험 가운데 함께 살고 있다는 경험들인 거죠.

그런데 이와는 다른 경험을 하기도 합니다. 얼마 전 시내에 나갔는데 어딘가를 지나가다 당혹스런 소리를 들었거든요. 어떤 아이가 함께 가던 자기 엄마에게 이렇게 묻는 거예요. "엄마, 저게 장애인이야?" 순간, 제가 돌아서서, 휠체어를 그 아이에게 돌려서 이렇게 대답할 뻔 했습니다. "응, 장애인 맞아." 그런데, 그렇게 했다가 또 무슨 오해를 받겠지 싶었어요. '노인네가 되어서 애가 말한 데다 꼬박꼬박 대답을 하네 마네…' 혹은 늘 들으며 살아왔던 그런 류의 말, '장애인이라 그런지 성질 참…'

박_ 아, 참 당혹스러운, 그러나 그렇다고 대답할 수도 없는 아이의 질문이었네요.

홍_ 요컨대, 장애인이 스스로 장애인이라는 인식을 가지는 것은 필요하지만, 그렇다고 장애인이 장애인임을 인식하기를 강요하는 분위기는 좀 아니지 않나 하는 것입니다. 굳이 제게 좇아와서 손을 잡고선 '장애인이면 어때? 밝게 살면 비장애인보다 훌륭한 거지…' 하고 말하는 분들을 너무 자주 경험했습니다. 아마, 그 분들 마음에는 '장애인이라 불행할 것이다'라는 전제가 들어 있지 않나 생각합니다. 예, 맞아요. 장애인이면 어떻습니까?(웃음) 그런데 장애만 사람을 슬프고 불행하게 하나요? 저는 모든 사람이 각자의 짐을 지고서 나름 아프게 살고 있다 생각합니다. 그런데 아무에게나 다가가서 '많이 아프시죠? 불행하시죠?' 하지는 않잖아요? 그런 말했다가 귀싸대기를 맞을 텐데(웃음). 우리 사회는 사람과 사람 사이의 거리두기와 시기적절한 말을 건네는 데 좀 더 훈련이 필요합니다.

소_ 적절한 거리두기와 시의적절한 말, 정말 간절합니다. 그리고 목 사님의 실존적인 경험이 오늘의 대화에 묵직한 무언가를 전달해 주었습니다. 그냥, 저는 두 분께 참 감사합니다.

네 번째 대화를 하며,
'아, 우리들의 대화 가운데 매번
새로운 보물들이 발견되는구나' 싶었다.

그 기대감 덕분에
우린, 어떠한 야망도 야심도 없이
다음 대화를 이어갈 수 있었다.

"언니, 옆에 1미터는 남았어요!
괜찮아요!"

박송아

장애인을 뜻하는 영어단어는 disabled이다.

able은 형용사이며, 이런 뜻을 갖고 있다.
1. ~을 할 수 있는
2. 재능있는, 능력있는

dis는 접두사로, 사전을 찾아보면 <반대, 부정의 뜻을 나타냄>이라고 쓰여 있다. 다시 말해, 영어권에서 장애를 가진 것은 disabled, 즉 '~할 수 없는, 능력이 없는, 재능이 없는' 상태로 여겨진다는 것을 알 수 있다.

그렇다면 장애인이라는 한자어는 어떠한가.
1. 어떤 사물(事物)의 진행(進行)을 가로막아 거치적거리거나 충분(充分)

한 기능(機能)을 못하게 하는 일.

2. 신체(身體) 기관(器官)이 본래(本來)의 제 기능(機能)을 하지 못하거나 정신(精神) 능력(能力)에 결함(缺陷)이 있는 상태(狀態).

3. 무선(無線) 통신(通信)이나 유선(有線) 통신(通信)에 있어서, 유효(有效)신호(信號)를 방해(妨害)하는 일. 또는 그러한 현상(現象).

그렇다. 장애를 가지고 살아간다는 것은 대다수의 사람들이 자연스레 할 수 있는 것을 하지 못한다는 것이 맞다. 내 몸 자체가 나의 삶의 진행을 막는 거치적거리는 것이 될 수도 있고, 그것은 결함 혹은 부족이 맞다. 하지만 적어도 내게는 한 인간으로서 '그런 상태인 사람'이라고 결정하는, 아니 인정하는 것은 결코 쉽거나 흔쾌한 일이 아니었다. 장애인임을 인식하고, 받아들이고, 복지카드를 신청하는 여정은 꽤나 고되었던 것이다. 하지만 나의 장애를 인정하고 난 뒤에는 조금 수월해진 것이 있다. 누군가에게 내 기관이 제대로 작동하지 않는 것을 알리고, 그 상대가 내게 없는 기관을 가지고 있다면 도움을 받는 것.

내게는 화상경험자 동생이 한 명 있다. 가스폭발사고로 온 몸 피부 95%에 화상을 입은 최려나씨다. 려나씨는 3도 화상으로 인해 피부의 여러 군데가 불편해졌다. 3도 화상은 표피, 진피를 지나 신체의 신경과 뼈까지 변형시킨다. 여러군데가 불편하지만 손도 많이 불편해졌기에 빡빡하고 동그란 문고리를 돌리는 것이 쉽지 않다. 그녀에게 쉽지 않은 또 하나의 행위는 페트병의 뚜껑을 따는 것이다. 그녀가 어떤 문을 열기 위해서는 누군가가 필요하다. 페트병의 물을 마시기 위해서도 누군가 필요하다. 적어도 이런 의미에서 장애는 불가능의 상태, 결함의 상태가 맞다.

나는 오른 눈이 보이지 않는 시각장애인이다. 보통 시각장애인이라는 이미지를 떠올리면 전맹이라고 불리는, 두 눈 모두 빛도 보이지 않는 상태인 것을 떠올리는 경우가 많다. 나 또한 나의 장애에 대한 이해도가 없던 시절, 스스로를 시각장애인이라고 부르지 못했던 큰 이유 중 하나가 사회적 이미지가 만들어낸 부정적 생각 때문이었다. 하지만 시각장애인의 스펙트럼은 매우 넓다. 두 눈의 시력이 다 없다 해도 빛은 보이거나, 색은 보이기도 한다. 나는 한 눈의 시력이 없지만 빛과 색은 구분할 수 있다. 하지만 오른쪽이 제대로 보이지 않다보니 공간감각이 현저히 떨어진다. 고로, 내 차의 오른쪽은 성한 날이 별로 없다. 2006년 처음 새로 뽑았던 차도, 2020년 두 번째로 뽑은 중고차도 몰고 나간 첫 날 오른쪽을 주차장 벽에다 긁었다. 다행히 아직 사람을 다치게 한 적은 없지만 집 주차장, 혹은 어딘가의 기둥에 차를 긁어 내 마음이 많이 다쳤다.

얼마 전 세 번째 중고차를 뽑았다. 두 번째 차도 결국, 몰고 다니기엔 오른쪽 부분 훼손이 심해졌기 때문이다. 그동안 타던 차보다 큰 차를 샀기에 몰고 나갈 때마다 스트레스가 쌓인다. 조만간 어딘가 긁을 것이 분명하기에 너무나 조심스러운 거다.

며칠 전 려나씨와 함께 차를 탔다. 나는 운전석에, 그녀는 오른쪽에 앉아 가다가 차들이 많은 좁은 골목에서 차를 꺾어야 하는 순간이 왔다. 겁에 질린 나는 한껏 차를 왼쪽으로 붙였다.

"려나야, 오른쪽 괜찮아? 부딪칠 것 같지?"
"언니, 1미터는 남았어요! 괜찮아요!"

순간 빵터져버린 나.
긴장을 풀고 핸들을 확 꺾어 여유롭게 코너를 빠져나왔다.

며칠 후 함께 장애인의 날 행사를 하기 위해 무대에 선 날, 공연 직전 려나씨가 말했다.

"언니, 나 물 좀 열어줘요."

아무렇지 않게 병뚜껑을 열어 려나씨 옆에 두었다.

나에게는 려나씨가 오른 눈이, 려나씨에겐 내가 손이 되어 서로가 서로에게 도움이 되는 순간, disabled가 아닌 able한 사람으로 살아갈 수 있음을 찐하게 경험했다. 내 옆에 려나씨가 있으면 나는 든든하게, 걱정 없이 코너를 돌 수 있다. 내가 옆에 있으면 려나씨는 아무런 주저함 없이 내게 물병을 내어 밀고 편히 물을 마실 수 있다. 이런 순간 나의 장애는 감사한 선물로 여겨지기도 한다. 물론, 대부분의 상황에서 불편한 게 사실이다. 그러나 어느새 불편이라고 느낄 수 없을 만큼의 일상이 되었기에 불편이라고 부르기엔 온전치 않다는 생각도 든다.

장애가 선물로 여겨진다는 건, 불편한 것이 좋아서가 아니다. 고난을 축복으로 받아들이는 정신승리도 아니다. 누군가 불편할 수 있다는 것을 본능적으로 알고 있다는 것, 나도 도움을 받으면 순간 able해지기에 누군가에게 그 역할을 하고 싶은 마음이 장착되는 것.

그것을 두고 비로소 '선물'이라 부를 수 있는 거 아닐까?

장애가 있는 사람과
결혼하면 쉽지 않다?

홍성훈

삼 년 여의 교제 끝에 결혼하기로 약속하고, 양쪽 집안의 허락까지 마치자 나와 아내는 결혼 사실을 주변에 알렸다. 숫자로 치면 축하의 반응이 압도적이었으나, 부정적인 반응도 없지는 않았다. 뭐, 대강 이런 걱정 때문이라 요약할 수 있겠다.

"장애가 있는 사람과 결혼하면 쉽지 않다, 사랑이냐 동정이냐?"

심지어 내가 가장 존경했던 선배마저도 (나 없이) 아내만 만난 자리에서 "정말 괜찮겠냐"는 충고를 했다고 한다. 어지간한 부정적 반응은 이해하리라 생각했건만, 돌아보면 그 당시 나의 마음이 평온하지만은 않았음이 틀림없다.

음… 그 때 내 심정은 '억울하다'는 것이 아니었을까 싶다. 우리의 결혼이 정말 일방적으로 누군가 손해보는 결합이었을까? 나는 우리의 결혼에 부정적인 반응을 보이는 그 누구에게라도 직접 이렇게 물어보고 싶었던 것이다. 그러나 솟아오르는 감정들을 속으로 삭이는 데 익숙했던 나는, 그런 억울함을 노골적으로 표출하지는 않았다. 그렇다고 그런 감정들이 완전히 사그러들지 않았던 것도 사실이다. 사실, 나는 이런 시선이 지겹다. 초등학교를 다니던 시절, 등하교길의 나를 붙잡고 눈물을 글썽이며 "누구의 죄 때문에 이렇게 병신이 되었냐"고 묻는 아주머니 할머니를 내가 무슨 설명으로 납득시켜 드릴 수 있었겠는가. 그런 일이 있을 때면 나는 고맙기보다 당혹스럽고 창피해서 어디론가 도망치고 싶을 뿐이었다.

내 인생은 언제나 '참음'으로 마무리되어야만 했다. 어릴 때는 내 아픔을 내색할 때 상처받을 어머니를 염려하며 입을 틀어막아야 했고, 조금 나이가 들어서는 "몸도 성치 않은 것이 정신도 건강하지 않다"는 비아냥을 듣기 싫어 억지로 참았다. 그렇게 참아가며 살라치면 어떤 사람은 내게 "무어든 마음에 억눌러 두지 말라"며 훈수질을 한다. 대체 어쩌란 말인가…

그러나, 내 삶의 순간순간에 적어두었던 억울함, 수수께끼들은 '한을 풀어냄'으로써 해결되지 않았다! 때로는 온갖 어려움 속에도 불구하고 묵묵히 동행하는 아내로부터, 때로는 못난 아비를 견뎌준 딸로부터, 때로는 내게 주어진 교인들을 위해서 우는 가운데, 깊은 위로를 받기도

하고, 내 속에 감춰진 뜨거움과 사랑이 폭발됨으로써 나의 억울함이 치료되는 걸 경험하고 있다.

나는 지금에야 말할 수 있다. 하나님은 세상의 부조리와 억울함을 호소하는 당신의 자녀들의 한을 "누가 우리 아이 그랬어? 떼찌!" 하는 방식으로 푸시지 않는다. 원한을 보복으로써 해결하지 않으신다. 당신의 사랑으로써, 당신의 사랑을 구구절절 깨닫게 하심으로써, 내 속에 견고하게 또아리를 튼 한을 녹이시는 것이다.

그의 사랑은 한을 푸는 대신 나를 변화시킨다. 그리하여, 그 한 많았던 자녀로 하여금 오히려 사람을, 세상을 사랑으로 품게 하신다. 이로써 하나님은 세상에 크게 선포하신다. 당신의 능력을!

우리들의
다섯 번째 이야기

. . .

사람과 사람 사이의 공간,
그리고

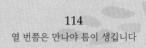

열 번쯤은 만나야 틈이 생깁니다

사람과 사람 사이에

마땅히 오가야 할 언어에 대하여…

돌아보면 이날 우리는

열 번쯤은 만나야 틈이 생깁니다

'예의'에 대해서
이야기 나누었다.

우리는 '예의'에 대해서
이야기 나누었다.

• • •

박_ 제가 전에 말씀드린 적 있죠. 저희 엄마 아빠가 저를 장애인으로 대하지 않아서, 그 덕분에 오히려 제가 단단하게 자랄 수 있었다는 이야기. 그래서 저는 오히려 제 주변에 계시는 중도 장애를 만난 분들을 대할 때 덤덤하게 대하는 편이에요. 그런데, 아무렇지 않다가도 장애로 힘들어하는 분들의 어떤 모습을 보면 가슴이 무너질 때가 있어요. 같이 맛있게 먹고 얘기하고 일상을 살다가 많이 불편한 부분을 발견할 때 제 가슴이 쿵! 하는 거죠. 수술받고 나서 회복하고 있는 모습을 볼 때도 그렇고요.

그런데요, 말하지 못할 이런 감정이 밀려오지만, 표현하지는 않아요. 제가 그 아픔을 고쳐줄 수 있는 것도 아니고 제가 마음 아파한다고 해서 고쳐지는 것이 아니잖아요. 무엇보다 저의 아파하는 마음을 보여준다고 해서, 그것 때문에 위로받는 것도 아닐 테고요.

단순히 나의 마음이 아프다고 해서 그것을 상대방에게 표현하는 건 그리 좋은 방법이 아닐 수 있다고 봐요. 가령, 신체적인 장애가 있으신 분들의 경우도 그 장애가 그들의 일상 속에 잘 통합되는 게 중요하잖아요. 장애를 가진 상태로 일상이 재구축되어야 하겠죠.

나의 슬픔 혹은 어떠한 현상을 해석하는 나의 슬픔을 상대방에게는 너무 드러내지 않는 것, 그것도 일종의 예의라고 보아요. 저는 그걸 지키려고 부단히 애를 써요. 물론, 슬픔을 비롯해 밀려오는 감정들도 그 일상 속에서 잘 스며들어야겠지만요. 가령, 자살자 유가족 분들을 향해 "어떻게 돌아가셨어요?"라고 묻는 건 최악의 질문일 수 있잖아요. 그럼에도 불구하고 기어코 물어보는 사람들이 있어요. 저는 그게 정말 예의 없는 호기심 혹은 예의 없는 관심이라고 생각하거든요.

오히려 저는 정말로 관심을 가질 거라면 장애를 가진 지인들의 불편함에 대해 실질적으로 함께하며 구체적인 대처 방안을 세워가는 것이 중요하다고 여겨요. 전문적인 지식이 있는 사람들과 상의를 하고, '어떻게 하면 조금 더 편하게 해줄 수 있을까'에 대해서 고민하는 거죠. 물론 당사자와의 깊은 대화가 먼저겠죠. 최악의 반응은 "쯔쯔쯔 어쩌다가 저랬을까" 식의 표현이라고 생각해요. 더 최악은 "하나님이 큰 계획이 있으셔서 이렇게 하신 것이다. 이겨내라!", "하나님이 얼마나 사랑하셔서 이렇게까지 하셨을까" 이런 표현일 테고요.

솔직히 말해 한국 사람들이 정이 많아서 좋기도 하지만 너무 오지랖이 넓다보니, 상대방에게 별 도움도 안 되는 어설픈 위로나 연민을 투척할 때도 많아요. 그야말로 투척이죠.

소_ 지금 굉장히 중요한 이야기를 던져주신 거 같아요. 가령, 장애를 가진 분이 있다고 가정했을 때 그 존재와 적절하고 건강한 거리를 유지하는 게 정말 중요하면서도 매우 어려운 것 같아요. 그러니까 개입해야 될 때가 있고 개입하지 말아야 될 때가 있잖아요.

송아 선생님의 경우 슬픔을 의도적으로 절제하시는 셈이잖아요. 본능적인 감정을 표현하자면 같이 펑펑 우는 게 속편하겠지만, 상대방을 위해 굳이 표현하지 않는 것. 저는 그걸 다르게 표현하자면 '성숙함'이 아닐까 싶어요.

잠깐 저희 아내 이야기를 해볼게요. 아내는 발달장애 아이들을 7년 가까이 치료해왔어요. 그러다 보니, 한 존재에 대한 이해의 폭이 넓은 편이에요. 지금은 대안학교에서 중학생들 담임선생으로 근무하고 있고요.

이 학교가 규모적으로 작은 학교에요. 학생 한 명 한 명에게 집중할 수 있는 학교인 셈이죠. 얼마 전 이 학교에 초등학생이 입학했어요. 자폐 스펙트럼에 있는 학생이었죠. 아내는 이 학생에 대한 사전정보 없이 그야말로 학생이 입학한 후에서야 만나게 됐어요. 아내 입장에서는 이 과정에서 학생에 대한 사전 정보를 공유하지 않은 교장 선생님에 대해서 불만이 있었다고 하더라고요. 그래도 미리 알았다면 무언가 더 잘 대처할 수 있었을 테니까요.

그런데 나중에 이야기를 나눠보니 교장 선생님은 그야말로 '이 학생이 공교육에서 적응이 힘들어 대안학교로 왔다면, 우리라도 받아줘야 되지 않겠냐'라는 절박한 마음이 있었다고 해요.

이런 경우 냉정하게, 행정적인 측면에서 봤을 때는 교장 선생님이 잘못 판단했다고 생각해요. 일단 학생에 대한 정보는 그곳에서 근무하는 구성원과 공유하는 게 맞잖아요. 게다가 작은 규모의 학교라면 더욱 그러해야겠죠. 그런데 한편 든 생각은, '그래, 교장 선생님 같은 자세도 필요하겠다' 이거였어요. 학생의 상황에 대해서 너무 호들갑떠는 게 아니라 학생과 약간의 거리를 두고, 또 이 아이가 학교에 와서 적응할 수 있는 약간의 공간을 마련해 주는 거죠. 아무튼, 그런 약간의 해프닝 아닌 해프닝을 통과하고 나서 아내는 아내 나름대로의 경험과 지혜를 살려서 이 학생을 대하고 있는 상황이에요. 아내가 이 학생을 대하는 태도를 보고 주변 학생들이 배울 수 있으니, 오히려 이 학생을 대할 때 아주 일상적으로 자연스럽게 대한다고 하더라고요. 그렇게 해야 다른 학생들도 이 학생을 편하고 자연스럽게 대할 수 있다는 거죠. 아내의 이야기를 들으면서 '아, 그게 맞겠구나!' 싶었어요.

한편, 그래서 전문가 집단의 역할이 중요하지 않나 싶어요. 전문적인 지식과 경험을 갖춘 전문가 집단이 성숙한 태도로 장애를 가진 존재들을 대하는 태도를 보여주고, 또 그 모습을 옆에서 자연스럽게 배워갈 수 있다면 참 좋지 않을까요? 이걸 공동체적인 관점에서 바라보자면, 평범하지 않아 보이는 한 존재가 공동체 들어왔을 때 다양한 역할을 하는 사람들이 필요한 것 같아요. 정말 섬세하게 터치하는 사람이 필요하고, 또 반대로 약간은 둔하게 반응하는 사람도 필요한 거겠죠. 이건 단순히 특정한 케이스에 국한된 이야기는 아니라고 봐요. 저와 송아 선생님, 홍성훈 목사님 모두에게 해당되는 이야기죠. 누구나 아픔이나 상처, 혹은 남들은 모르는 자신만의 발자국을 가지고 살아가잖아요. 그런 나 자신에 대해 섬세하게 반응해주는 사람도 필요하고, 조금 둔하게 반응해주는 사람도 필요하다고 봐요. 다르게 표현하자면, 우리는 결국 다 누군가의 부축을 통해서 살아가고 있는 게 아닌가 싶네요.

박_   정말 그래요. 그냥 살아가는 거 같지만, 우리 모두, 정말 누구 한 명 예외 없이 모두가 누군가의 부축으로 살아가고 있는 거라고 봐요.

소_ 계속해서 이야기를 이어갈게요. 얼마 전 제가 tvn <유퀴즈>에 나온 '장미란 선수'에 대한 영상을 보았어요. 장미란 선수가 이런 기도를 한 적이 있대요. "하나님 제가 너무 들어야 될 무게가 너무 무거운 것 같아요"라는 기도를 말이죠. 그런데 만약 그랬을 때 누군가가 장미란 선수에게, "야, 그게 뭐가 무거워?"라고 했다면 그건 상처가 됐겠죠.

박_ 맞아요, 같은 이야기여도 상대방이 해주면 상처가 될 수 있는 거죠.

소_ 맞아요, 이게 참 역설적인 상황 같아요. 표면적인 텍스트만 보면 상처가 될 수 있는 말도, 누가 하느냐에 따라서 전혀 상처가 되지 않을 수 있는 거죠. 그래서 예의라는 건 단순히 겉으로 드러나는 텍스트 그 자체로 결정되지 않는 거 같아요.

그 예의라는 게 잘 지켜질 때 한 존재와 또 다른 존재가 제대로 관계를 맺을 수 있는 거겠죠. 장애라는 부분도 그런 것 같아요. 장애인을 대할 때 우선은 예의를 가지고 대하는 거죠. 거기서부터 무언가 실마리가 나오지 않을까 싶어요.

박_ 저는 그렇게 봐요. 인간 존재 자체의 존엄함에 대한 예의를 지키는 게 매우 중요하다는 거죠.

소_ 예, 지금 이 이야기는 우리가 쭉 해오던 얘기의 가장 근본적인 이야기 같아요. 인간 자체에 대한 어떤 존엄함을 우리가 깨닫고 살아갈 수 있다면, 얼마나 좋을까요? 그런데 자꾸만 내 마음 속에 형성된 철학이나 나의 각박한 상황 속에서 자꾸 한 존재를 도구화시키고 목적이 아니라 수단으로 대할 때가 많잖아요.

박_ 그렇죠. 목적이 아니라 수단으로 바라보게 되면서, 이제 장애라는 것에 대해 어떤 편견을 가지고 '시혜의 대상' 혹은 '귀찮은 대상' 혹은 '도와줘야 되는 대상' 등으로 다양한 이름표를 붙여버리잖아요. 한 존재가 가지고 있는 갖고 있는 존엄함을 그 이름표들이 너무나 많이 덮어버리고 있는 거죠.

이 마음을 놓치지 않는 게 매우 중요하다고 봐요. 그걸 놓치면 장애인에 대해서도 '내 삶을 방해하는 존재'로 치부해버릴 수 있으니까요.

소_ 맞아요, 그 마음을 간직하는 게 매우 중요하다고 봐요.

심지어 때론, 공동체에서 가장 연약해 보이는 존재가 진실을 이야기하고, 공동체의 신비를 드러내는 경우가 있으니까요. 내 삶을 방해하는 게 아니라 반대로, 내 삶을 풍성하게 해주고 내 삶의 부족한 부분을 채워주기까지 하죠. 이건 정말 신비라고 봅니다. 연약해 보이는 자가 몰고 오는 신비, 혹은 은혜라고 할 수 있겠죠. 이 타이밍에서 저는 홍 목사님의 고견을 듣고 싶습니다(웃음).

홍_ 예, 제가 등판할 때가 된 건가요?(웃음). 두 분의 이야기에 충분히 경청하느라 저의 이야기는 잠시 미뤄두고 있었습니다. 그리고 두 분의 말씀을 경청하며 '이 주제에 관해서 나는 무슨 말을 던지면 좋을까' 생각해보았어요. 인간에 관한 존중, 예의, 배려 등등의 주제들을 하나씩 이야기할 수 있지만 제 경험을 통해 깨달은 '장애인 당사자의 태도'라는 변수를 이야기하고 싶어요.

제가 초등학교를 다닐 때, 1학년 2학년 때는 거의 초법적인 존재로 대우 받았습니다. 그 때 담임선생님이 여성이셨는데 제가 화장실을 가고 싶다고 손을 번쩍 들면 수업 중에라도 저를 업고 화장실에 가 주셨습니다. 그 정도였으니 제가 얼마나 특별대우를 받았는지 짐작하시겠죠?

그런데 5학년이 되면서 만난 담임선생님은 전혀 달랐습니다. 제가 다닌 학교는 아주 오래 된 건물이어서 바닥이 나무로 되어 있었습니다. 그 바닥을 깨끗이 유지하려면 정기적으로 바닥 나무를 물에 불렸다가 그걸 유리조각으로 긁고, 그렇게 깨끗하게 새 살이 드러난 마루를 초로 문질렀습니다. 저는 이 일에서 '당연히' 면제될 줄 알았습니다. 그런데 선생님이 그러시는 거예요. "이 일은 앉아서도 할 수 있잖아? 그러니까 너도 해!" 몇 번이나 궁시 렁거리다가 선생님의 태도를 보고는 금방 포기했습니다. 나중엔 그렇게 바닥을 긁고 초를 문지르면서 친구들하고 엄청 재미있게 놀았어요(웃음).

소_ 초법적인 존재에서 평범한 존재로, '행복한 추락'을 경험하셨네요(웃음).

홍_ 예, 또 하나의 추억이 있어요. 5학년 때 만난 담임선생님이 6학년 때도 담임이 되셨는데, 어찌나 공부를 시키는지 아침저녁으로 시험을 치렀어요. 그런데 선생님이 기대한 점수가 나오지 않으면 1점에 한 대로 계산해서 엉덩이를 때리셨습니다. 저는 이번에도 소위 '특혜'를 기대했죠. '설마 내 엉덩이를 때리겠나?' 하는 생각이 있었거든요. 그런데 저를 보시더니 이러시더라구요. "음, 너는 엉덩이를 못 맞을 거 같으니까 손바닥을 맞아라."(웃음) 심지어 수업 시간에 떠들면 "너 앞으로 나와서 무릎 꿇고 앉아 있어" 하시더라구요. 그렇게 앞으로 나와서 무릎 꿇고 앉아서 장난을 치면 그러셨어요. "너 손도 들고 있을래?" 그런데요, 지나놓고 보니 그 선생님 때문에 저는 사회생활을 비교적 수월하게 배울 수 있었던 것 같습니다. 저를 다른 친구들과 똑같이 대우해 주셨으니까요.

하지만 우리가 한 가지 더 유의해야할 점이 있습니다. 같은 환경이라도 그것을 받아들이는 사람의 태도에 따라서 그 결과가 다르다는 거예요. 흔히 말하는 대로, 쓰레기통에서도 장미가 피어나고, 같은 이슬을 먹어도 그것으로 독을 만드는 뱀이 있거든요. 사회가 장애인을 배려하고 존중한다 하지만 그건 사회가 건강한 사회, 약한 사람을 품는 성숙한 사회가 되기 위해서 마땅히 해야 할 도리를 하는 것이라 생각합니다. 그럼에도 불구하고 부족하고 소외된 사람은 언제나 있죠. 어쨌거나 그런 사회를 살아가는 장애인 역시 합당한 권리는 요구하되 스스로를 성숙시키기 위해서 부단한 노력을 기울여야 합니다. 그래야만 권리임에도 시혜라고 인식하는 비장애인들을 마음으로부터 설복시킬 수 있는 것이죠.

아, 이런 얘기를 하는 걸 보니 저도 어느덧 꼰대 세대가 틀림없네요. 요번엔 요만큼만 할게요(웃음).

소_   늘 '아, 조금 만 더 해주시지' 할 때 멈추시는 걸 보면, 홍 목사님은 밀당의 고수가 분명하십니다(웃음).

우리는 예의, 라는
가장 기본적이면서도
가장 소중한 것들을 잊고 산다.

오늘 이 예의를
다시 마음에 간직했다.

우리는 정말,
'감사해야 하는' 것인가?

홍성훈

장애인으로 한국에서 살면서, 가끔 우울해지면 혼잣말로 하던 말이 있다. "나 같은 사람이 저주의 말을 쏟아내게 하지마." 한겨울에 승차거부로 네 시간을 서 있던 적도 있었다. 그것도 자주. 오랜 기다림 끝에 택시를 얻어 타면 그렇게 나를 '승차시켜준' 기사 아저씨가 하는 말은 대부분 비슷했다. "아이고, 힘드시겠어요. 지나가려다가 우리 집 누구가 사고를 당해서 기브스를 한 걸 본지라 아저씨가 서 있는 게 남의 일 같지 않습디다." 경우를 따지자면 나는 승객으로서 택시를 탈 권리가 있는 것이고, 따라서 내가 택시를 탔다는 사실이 '기사 양반이 호의로 승차시켜준' 미담으로 해석될 수 없다. 그러나 현실은 그렇지 않았다. 태워준 것이 감사했다. 아니, 감사해야 했다.

그렇다고 내 마음에 원망이 일지 않겠는가? 하지만 혹시 다음에라도 나 같은 사람이 승차거부를 당하지 않게 하기 위해서라도 나는 그분에게 가능하면 친절하게, 고마움을 드러내며 대화하려고 노력했고, 내리면서 조금이라도 더 감사의 표시를 했다. 거기다, 내 마음이 황폐해지지 않기 위해 가능하면 원망의 감정을 빨리 버리려고 노력했다. 상황이 이러니, 오랫동안 거절당하는 내 심정 가운데 솔직히 '이 세상 모든 놈들이 한 번씩 다리가 하나라도 부러져야 내 입장을 이해하겠나' 싶은 생각이 (아주 가끔씩은) 들곤 했다.

　　나는 지난 수십 년간 장애인의 이동권 확보를 위해 몸을 바쳤던 분들이 적지 않다는 걸 안다. 투쟁을 하지 않고선 쟁취할 수 없다고 그들은 믿었을 것이다. 그들은 그들의 신념을 따라 그렇게 했고, 나는 내 신념을 따라 천천히 주변 사람들에게 '장애인도 함께 살만한 사람임'을 설득하려고 내 나름대로 노력했다. 방법은 다르지만 이 사회를 개선하는 것이 공통적인 목표라면 이런 일을 하는 이들은 크게 보아 동지라고 말해도 좋을 것이다. 그런데, 우리가 사회를 개선해 가는 일을 할 때 명심해야 할 사실이 있다. 사회가 약자를 위해서 서야 할 가장 원칙적인 출발선은 '이 사회가 존재하는 가장 기본적인 전제가 무엇인가' 하는 인식이다. 거기로부터 올바른 전략이 세워지기 때문이다.

　　우리나라 사회는 민주주의 사회이고, 개인에 있어서는 선택의 '자유'를, '평등'을 사회의 구성 원리로서 주창한다. 이런 사회에 있어서 우리가 약자를 돕는 가장 원칙적인 방식은 소수로 존재하는 이들의 편에서 표를 행사하여 그들이 소수라서 무시당하고 폭력적 불평등을 경험하지 않도록 하는 것이다. 그리고, 길게는 다름으로 인해 차별받을 수는 없음을 끊임없이 설득하고 교육하는 일이 따른다. 이 일은, 소수의 입장이 정당하고 무죄하다는 뜻과는 다르다. 우리 모두가 이 사회에서 서로 다름에도 불구하고 각자의 가치를 지니며 공존하자는 믿음의 표현일 뿐이다.

유럽에서 살았던 내 경험으로부터 내리는 결론이 있다. 여기라고 차별이 없지 않다. 가끔 욕하고 놀리고 차별적 행위를 하기도 한다. 그러나 사회 전체가 "차별은 범죄"라는 대전제에 동의하고 있고, 차별적 행위가 폭력적인 방법으로 행사될 경우 처벌을 받는다는 사실을 다들 인지하고 있다. 실제로 법이 그렇게 집행된다. 그러나 그렇다고 하여 개인이 어떤 근거에서든 누군가를 차별하고 혐오하고 가까이 하고 싶어 하지 않는 감정까지 물리적으로 통제하려 하지 않는다. 그런 시도 또한 개인의 가치관에 대한 폭력이니까.

요는, "약자라도 이 사회에서 존재할 권리가 있다"는 가치관이 사회 공동체 전체의 움직일 수 없는 합의적 강령이 되도록 노력하는 것이, 바람직한 태도라는 것이다.

주문 실수 요리점

박송아

토요일 오전마다 학생들과 책을 읽고 나누어온 2년여의 시간이 있었다. 원래 강의를 나가는 아신대학교 '교수학습센터 지원 프로그램'으로 시작했는데, 책 읽고 나누는 시간 자체가 너무 좋아서 지원 없이도 자발적으로 모였던 모임이다. 사실 학생들을 위해 연다고 하면서도 내가 너무 좋아서 그만 둘 수가 없었다.

학기 중에는 한 권, 방학 중에는 두 권을 선택해서 각자 읽고 한 주에 한 번 기억에 남은 구절, 나누고 싶은 이야기와 질문, 관련 기사들과 자료를 공유했다. 우리가 읽고 있는 책이 던져주는 물음에 '나는, 우리는 무엇을 할 수 있을까'를 고민했다. 감사하게도, 기수가 거듭될수록 졸업생, 학생의 동생 등등 점점 참여자가 다양해지며 대화가 더욱 풍성해졌고, 상황상 함께하지 못하게 된 학생들과도 종종 연락을 주고받고 있다.

책의 홍수 속에서 어떤 책을 읽을지를 결정하는 것도 쉬운 문제가 아니었는데, 구성원 모두가 다시 읽고 싶은 책이나, 읽고 싶은데 너무 두꺼워서 혼자서는 엄두를 못 냈던 책(덕분에 무려 752페이지에 달하는 <총, 균, 쇠>를 함께 읽었다!), 관심 있는 책 등을 소개하며 투표하는 방식으로 '읽을 책'을 정하다 보니 좋은 책들을 계속 읽어올 수 있었다.

읽었던 책 중 기억에 많이 남는 책이 있다. 사회학에 관심이 많은 고3 학생이 추천해준 소준철 작가의 <가난의 문법>이다. 읽다 보니 서울시 연구원에서 지원하는 '작은연구 좋은서울' 연구사업에 참여했던 분의 글이어서 더 반가웠다. 나 역시 2019년 하반기 사업에 함께 참여하면서 연구자로서 한 뼘 성장할 수 있었기 때문이다.

<가난의 문법>은 다양한 사각지대에 놓여있는 폐지 줍는 노인들의 이야기를 전한다. 책을 읽으며 늘 길에서 만나던 분들, 늘 우리 곁에 존재하고 있는 분들에 대해 얼마나 무관심했는지 깨달으며 스스로 너무 부끄러웠다. 궁금했으나 더 알아보지 않았고, 문제 해결을 위해 아무것도 하지 못했는데… 이런 연구를 긴 시간 진행하고, 해결을 위한 문제를 던지는 시도를 한 작가님이 너무 존경스러웠다. <가난의 문법>을 읽으며 '노인문제 해결'을 토론하던 중 떠오른 일본의 한 레스토랑의 이야기를 나눠보려고 한다.

일본에는 주문한 요리가 나오지 않을 가능성이 더 큰 팝업 레스토랑이 있다. 간판의 이름도 '주문 실수 레스토랑 The Restaurant of Order Mistakes'이다. 물이 두 잔씩 나오기도 하고, 샐러드에는 스푼이,

뜨거운 커피에는 빨대가 같이 나오기도 한다. 주문 실수 레스토랑을 찾은 손님들 사이에는 다른 레스토랑에서는 보기 어려운 진귀한 장면이 연출되기도 하는데, 주문한 메뉴가 제대로 나오면 실망을, 엉뚱한 메뉴를 받은 손님은 환호를 하기 때문이다.

그분들의 실수를 인정하고
오히려 함께 즐기세요!

주문실수 요리점에는 이런 문구가 있다고 한다.

실수를 용납하지 않고, 완벽한 것을 추구하고, 빠름을 미덕으로 여기는 사회에서 노인들이 설 자리, 살 자리는 많지 않다. 특히 치매를 만났거나 장애가 있다면 더 그렇다. <가난의 문법>을 읽어가면서 우리 팀 모두 느끼는 것이 있었다. 책을 읽다 보면 "도대체 나는 이 상황에서 무엇을 할 수 있을까?"에 대해 끊임없이 고민할 수밖에 없게 되는데 막상 해결할 수 있는 아이디어는 떠오르지 않는… 막막하고 답답한 상황이 지속되었다는 것.

"물론 이 식당 하나로 치매와 관련된 모든 문제들이 해결되는 것은 아닙니다. 하지만 실수를 받아들이고 또한 그 실수를 함께 즐기는 것, 그런 새로운 가치관이 이 식당을 통해 발신될 수 있다면…. 생각이 여기까지 미치자 나도 모르게 가슴이 설레고 두근

거렸습니다. 그 설렘을 주체하지 못하고 2016년 11월, 본격적으로 함께 일할 사람들을 모으기 시작했습니다."

오구니 시로, <주문을 틀리는 요리점> (2018: 웅진지식하우스) 18페이지 중.

초고령화 사회에 진입한 일본과 그 뒤를 따라가고 있는 우리가 '노인문제'를 조금 다른 각도에서 생각할 수 있다면, 오구니 시로처럼 즐겁고 획기적인 아이디어를 떠올리고 실행할 수 있다면 얼마나 좋을까. 노인을, 치매환자를, 더 나아가 내 주변의 한 사람을 과소평가하지 않고 있는 그대로 받아들일 수 있다면. 그들의 존재 자체에 대해 알고, 인정하고, 더불어 살아갈 방법을 찾는다면 어떨까?

부자든, 가난하든, 장애가 있든 없든, 어떤 성별이든, 어느 나라 국적을 가지고 있든, 국적을 잃은 상황이든, 인간이라면 모두가 겪게 될 것이 있다. 바로 노인이 되고, 모든 능력이 저하되고 결국에는 이 세상에 존재하지 않는 날이 온다는 것. 그 상황이 되면 나는 어떻게 살아가게 될까? 내가 수많은 실수를 저지를 수밖에 없는 상황이 온다면, 내 존재가 누군가에게 부담이 된다면, 나는 타인이 나를 어떻게 대해주기를 바라게 될까…?

"일본의 이 프로젝트는 중요한 점을 시사하고 있다. 바로 주변에서 받아들이고 이해하는 노력이 있다면, 치매 환자도 얼마든지 사회생활을 할 수 있다는 것이다. 주목할 것은 치매 환자를 과

소평가하지 않음으로써 많은 사람들이 다양한 방법으로 사회에 공헌할 수 있다는 가능성을 보여준 점이다. 치매 환자를 대할 때 아주 조금만 더 시간을 두고 이해하려는 관용과 배려만 있다면 우리 사회는 소중한 무언가를 얻게 될 것이다."

위와 같은 책, 27페이지 중.

나 또한 노인이 된다. 한 그림책 작가는 "우리 모두는 장애인이 되어 가고 있다"라고도 하였다. 노화가 진행되면서 눈이 보이지 않고, 귀가 들리지 않고, 다리를 쓸 수 없게 되고, 움직일 수 없는 순간을 맞이하게 된다는 것.

노인의 문제는 바로 내 문제이다. 그렇다면 장애 문제도, 내 문제다. 나와 상관없는, 먼 이야기가 아니라 짧으면 몇 년, 길어도 몇 십 년 후에 내가 마주할 나의 하루인 것이다.

가성비 떨어지는
CD가 준 감동

홍성훈

　기억도 가물가물해진 2004년 어간의 어느 날, 장애를 안고 독일로 유학 온 한 여학생의 전화를 받았다. 자기가 <티베트로 가는 길>이란 책을 인상 깊게 읽었는데, 이 책을 읽을 수 없는 시각장애인 친구들에게 소리로 들려주고 싶다고 했다. 그 때 나는 유럽밀알선교단의 단장이었기에 이 일에 작으나마 간여를 하게 되었다. 이 제안을 꺼낸 자매는 정말 열심으로 일을 추진했다. '밀알'을 통해 장애인을 위해 봉사하던 그녀 주변의 친구들이 낭독을 위해 차출되었고, 그 좁은 방에 모여 돌아가면서 책을 낭독했으며, 이 녹음파일을 편집하고 정리하는 음악 전공자의 봉사가 이어졌다.

　각자가 고된 유학생활을 하는 중이라 이 일이 쉽게 끝날 수가 없었고, 이에 필요한 재원을 마련하는 일도 만만치 않아 나도 여러 군데 아쉬운 소리를 해야 했다. 그렇게 어렵게 마련된 CD였다. 보통 CD 10장 분

량에 더해 mp3 파일를 담은 CD를 따로 한 장 만들었다. 모두 11장. 단순 계산으로 낭독에만 10시간이다. 이 CD가 시각장애인들에게 얼마나 도움이 되었을지, 잘 모르겠다. 하지만 이 일의 모든 과정은 그보다 훨씬 깊은 의미를 갖고 있다고 믿는다.

이 음반 원본의 저자는 사브리예 텐베르켄이며 1970년 독일 쾰른에서 태어나 두 살 때 시력을 잃었다. 본 대학에서 언어학과 티베트어를 전공하고 이후 티베트어 점자를 연구한 후 1997년 티베트로 떠나 거기서 시각장애학교를 설립했다.

굳이 이런 사연을 정리하는 까닭이 있다.

유학은 사실 개인의 영역에 주된 목적이 있다. 각자가 원하는 진로를 위해 준비하는 과정이다. 그렇게 유학을 왔다가, 장애인을 섬기자는 말에 설득되어 개인의 시간과 재능을 아낌없이 내놓은 젊은이들을 수도 없이 보았다. 그들은 그렇게 이름도 없이 섬겼지만, 그럴수록 장애인을 더 도울 수 없음에 낙담도 하고 좌절도 했다. 그런 이들을 보면서 나는 이렇게 위로도 하고 충고도 했다.

"장애인의 절망을 그 어떤 사람도 완전히 충족시킬 수는 없어. 그들에게는 모두가 남이야. 철저히 외로운 이들이지. 그러니, 어떻게 더 잘 도울까 염려하는 건 솔직히 이룰 수 없는 꿈이나 다름없네. 그런 마음을 가진 것만으로 만족하니 장애인들에 관한 관심과 기도를 부탁해. 다만 한가지 더 부탁하는 건, 장차 유학을 끝내고 한국으로 돌아가면 자네들이 최소한 한국 사회에서 중간 이상은 될 터인데 그 때 자네들 주변에 장애인 시설이 들어선다면 피켓을 들고 반대 시위만 하지 않아도 성공이야."

나는 우리나라 젊은이들의 심성이 대부분 바르고, 그래서 어떤 물꼬를 만나느냐에 따라서 지금보다 훨씬 더 좋은 역할을 할 재목들이라 믿고 있다. 그럼에도, 유학을 와서는 자기가 잠시 머무는 땅에서 배워야 할 것을 배우지 않고 다만 유학의 경력과 학문적 훈련을 자기의 개인적 욕망을 이루는 수단으로만 사용하려는 젊은이가 있음도 안다. 장애인의 생존의 몸부림을 '언더 도그마'라는 학술 용어로써 경멸하는 것은, 유학이라는 우리 사회의 과분한 혜택을 자랑스레 드러내는 표시에 그치지 않는다.

달리 말해 그 사람의 지식과 감성이 심하게 불균형하다는 사실을 모두에게 보여주는, 부끄러운 모습인 것이다.

또, 접시를 깼다
다친 손으로 사는 일상과 그 감정 사이에서.

박송아

2000년, 독일 유학 중 중간 졸업시험을 보는 무대에서 손을 다친 후 벌써 23년이 흘렀다. 늘 조금의 열감과 통증이 함께하는 내 오른손, 엄지 아랫부분. 통증도 만성이 되면 어찌어찌 살아진다. 적응한다고 할까.

그런데, 피곤하게 지낸 다음 날 아침에는 어김없이 접시를 깬다. 설거지를 하다 놓치고, 음식을 담으려다 놓치고, 그냥 다른 곳에 옮기려다 놓치는 바람에 깬 접시, 그릇, 컵들. 그래서 지금 우리 집 찬장의 식기구들은 죄다 짝이 맞지 않는다. 세트로 사두어도 결국에는 각자가 되는 나의 그릇들.

오늘 아침 또 접시를 깼다.
분주하게 아이들 식사를 차려주던 아침에.

주섬주섬 깨진 접시를 담고 청소기를 돌리는데, 입으로 피자를 밀어 넣으며 무심히 핸드폰을 바라보는 남편이 야속했다. 그래, 이 삶이 일상이 되어버렸으니 그렇겠지.

쨍그랑, 와장창, 이런 소리도 늘 들으면 만성이 되니까.

이전 같았으면 그러려니 하며 야속한 감정을 집어넣어두고 마음이 생채기 하나를 더 만들었을 텐데, 그리고 며칠간 미지근한 표정으로 남편을 대했을 텐데, 이제는 그러고 싶지 않았다. 분주한 아침에, 혼자 피자를 만들어 돌리고, 아이들 아침을 차려주는 와중에, 아픈 손으로 인해 깨뜨린 접시를 혼자 치우는 것. 그것이 그다지 유쾌한 기분은 아닌 것을 알려야겠다 생각했다. 남편의 마음도 나를 사랑하지 않아서, 나에게 관심이 없어서가 아니라 내가 그릇을 깨는 것이 일상이 되어버렸기 때문일 테니까.

계속 손에 힘이 없다는 것도 사실 주변 사람들에게 많이 알리지 않았다. 실수하면 그저 미안하다고 하고 말았다. 구구절절 늘어놓고 싶지 않았으니까. 하지만 이제는 알려야겠다. 내 오른손의 불편함도, 보이지 않는 오른 눈도, 그래서 일어날 수 있는 사건과 사고들도. '구구절절'스럽고, 조금은 불편한 공기가 만들어지고, 잠시 서로가 서로에게 미안하게 된다 해도. 그래야 내 마음에 생채기를 만들지 않고, 내 주변 사람들에 대한 원망도 갖지 않고, 서로가 서로를 알아가며 공존할 수 있을 테니까.

오늘 그 첫 발을 떼었다. 남편에게 사실 내 손이 계속 불편하고, 힘이 없다는 것을 말했다. 그리고 앞으로는 내가 그릇을 깨었을 때 무심히 핸드폰을 보지 않아 주었으면 좋겠다고 말했다. 그러면 많이 서운하다고… 남편은 알았다고 했다. 아이들은 그제야 "엄마 괜찮아?"라고 물었다.

일상이 되어버린다는 것은, 당연한 게 되어버린다는 것은 깊이 고민해야 하는 시간을 날려버리고 편리함을 주지만 누군가에게 생채기를 낼 수 있다는 것을 나 또한 기억해야지. 그에게 일상처럼 보일지라도 분명히 힘들 수 있고, 아플 수 있다는 것을 잊지 말아야지. 당연한 것을 당연하게 보지 않는 눈, 주변 사람들에 대한 깊은 관심, 서로의 빈자리를 채우려는 마음, 특별한 것은 없을지라도 내게 있는 시간, 조금의 재능, 가진 것들을 조금이나마 나누려는 마음이 내게 매일 새로이 채워지기를.

오늘 문득, 만약 내가 미술을 할 줄 알면 얼마나 좋을까 생각했다. 그랬다면 깨어진 조각들로 새로운 것을 만들어 볼 수 있었을 텐데. 실수로 깨어져 산산조각 나 흩어진 접시의 조각들이 아름다운 작품으로 새로 태어나게 해 주었을 텐데.

오늘 비닐봉지로 들어가 버린 조각들아 미안해.
언젠가는 미술을 배워볼게!
그리고 그동안 나의 음식들을 담아주어 고마워.

아꼈던 내 파란 접시야 안녕!

다음에 접시를 깨면, 혼자 치우지 말아야지.
"남편, 나 좀 도와줘!"라고 말해야지.

"나 계속 손 아픈 거 알지? 잊으면 안 돼!"라고도…

우리들의
여섯 번째 이야기

. . .

교회를 이야기했다.

열 번쯤은 만나야 틈이 생깁니다

교회의 현실과

교회를 향한 기대를 품고.

교회는

장애를 마주하며

어떠한 모습으로
서있어야 할까?

우리들의 여섯 번째 이야기

교회는 장애를 마주하며
어떠한 모습으로 서있어야 할까?

• • •

박_ '교회의 역할'을 테마로 오늘 이야기를 시작할까 하는데요. 저는 하나님을 예배하는 공동체가 지향할 방향 중 중요한 부분 중 하나가 장애 여부를 떠나 '개개인의 존재 가치에 대한 회복', '서로 다른 사람들간 관계의 회복'이라고 생각합니다. 모두가 예수 그리스도를 머리로 한 '지체', '한 몸'이 되기 위해서죠. 그래서 저는 교회가 좀 더 그런 쪽에 관심을 가져줬으면 좋겠어요. 그런데 아직은 개인의 구원 문제, 혹은 우리끼리 모여서 즐기는 데만 주력하고 있지 않나 싶어요.

물론 제가 모르는 교회들 중에는 이미 그렇게 살고 계신 분들도 있겠지만요.

소_ 공감합니다. 안 그래도 어제 가까운 목사님과 대화하다가 "대부분의 교회는 이미 친한 사람들끼리, 더 강력한 침목을 도모하는 데 머무르는 경우가 많다"는 이야기를 나눴어요. 그런데 사이좋

열 번쯤은 만나야 틈이 생깁니다

게만 지내면야 참 다행이죠. 그러다가 자기들끼리 서로 싸워서 교회를 떠나는 게 정말 아이러니죠. 교회의 역할, 기독교의 역할에 대한 고민이 필요하다고 봐요.

제 이야기를 좀 더 이어가볼게요. 지난 주일, 저희 교회 청소년들과 말씀을 나누는데 요한복음 9장 말씀, 예수님이 시각장애인의 눈을 떠주게 해 주시는 본문으로 말씀을 나눴어요. 그 본문을 보면, 제자들이 굉장히 진지한 모습으로 황당한 질문을 던지잖아요. "이 사람이 보지 못하는 게 누구의 죄로 인함입니까?"라는 질문이었죠. 예수님은 제자들의 질문에 대해서 "그건 그런 문제가 아니라 하나님이 하시는 일을 나타내고자 함이다"라고 대답하신단 말이죠.

그 본문으로 말씀을 어떻게 전해야 할까 고민했어요. 그러다가 우연히 몇 달 전에 세상을 떠나신 A목사님과 관련된 기사를 접하게 되었어요. 그분에 대한 평가는 서로 다를 수 있지만, 제가 기억하는 그분에 대한 인상은 '약자와 함께 하셨던 분'이라는 이미지에요. 그리고 그분이 생전에 하셨던 말씀이 "아픔이 있는 곳이 세상의 중심"이라는 메시지였어요. 저에겐 그 말이 참 와닿더라고요. 결국, 예수님께서 하시고자 했던 말씀도 그 말씀이 아닌가 싶거든요.

그래서 청소년들에게 말씀을 전하면서 "아픔이 있는 곳이 세상의 중심이다"라는 메시지를 전했어요. 그리고 제 개인적으로는 그것이야말로 '기독교적 정신'이 아닐까 싶습니다.

박_ 방금 말씀하신 것과 연결해서 제 이야기를 나눠볼게요. 제 주변에는 소위 말해 1번 지지자와 2번 지지자가 골고루 계세요(웃음). 사실 성경에서 이야기하는 바는 '굳건한 진리가 있지만, 그럼에도 불구하고 품고 사랑하는 것'이잖아요. 그런데 더 나은 한국을 함께 만들어가려는 시도보다는, 너무 양극화된 주장들이 서로를 공격하는 느낌이에요.

제 가까운 지인이 최근 "세상이 망해가고 있다"며 흥분한 상태로 기본소득 얘기를 하기 시작하는 거예요. 저는 평소에 그가 봉사를 하거나 약자들의 편에 서는 것을 본 적이 없어서 좀 놀라웠어요. 그래서 왜 그렇게 생각하는지 물었죠. 그게 인간의 존엄을 지키는 길이고, 인간들이 인간답게 살아야 하니까 그렇다고 하더군요. 그래서 다시 "기본소득을 받아야 할 대상은 누구라고 생각하며 현재 그들을 위해서 무얼 하고 있는지" 물었죠. 진심으로 세금을 더 많이 낼 생각이 있는지, 더 나아가 지금 가진 것을 당장에 필요한 이들에게 나눌 수 있는지도 물었어요.

"법으로만 시행하면 된다"는 답이 돌아왔어요. 그래서 제가 답했죠. "법으로 시행하기 전에, 지금 내가 함께하고 있는 아이들 중 대학에 가야 되는데 못 가는 아이들이 있고, 당장 먹을 것도 없어서 힘들어하는 아이들이 있어. 네가 기본적으로 그런 생각이 있으면 이 아이들에 대한 도움부터 시작해보는 거 어때?"

그랬더니 단호히 "싫다"고 하더군요(웃음). 나라에서 정신을 차려서 법으로 시행하면 자기는 기쁨으로 돈을 낼 거지만 지금 돈을 줄 생각은 없대요.

그런 대화를 하면서 이건 마치 휠체어를 탄 어떤 분이 홀로 지나갈 수 없는 길에서 도움을 청하고 있는데 도로공사를 하고 법으로 시행하기 전까지는 돕지 않겠다는 것과 같은 말이 아닌가 하는 마음이 들었어요. 결국 장애에 관한 문제도, 다문화사회 관련 문제도, 거시적인 차원의 변화가 있어야 하고 실제로 내가 처한 현장에서 움직이는 미시적인 차원이 같이 이루어져야 해결이 되는 거겠죠.

홍_ 한편, 아주 냉정히 말해 그건 인간의 본성 문제라고 봐요. 예를 들어 독일 같은 경우도 구걸하는 사람이 보이면 대부분 "내가 세금을 냈는데 정부에서 해야지 왜 내가 도와줘야 해?"라고 생각하거든요. 이렇듯 구조적인 악은 잘 보여요. 그러나 그 문제라고 하는 것이 사회가 해야 하는 부분도 있지만, 사회가 할 수 없어서 생기는 그 한계를 매우는 건 개인일 수밖에 없다고 봐요. 구약에서 율법을 통해서 계속 얘기하는 게 가난한 사람과 억울한 사람들에 대한 배려예요. 예를 들어 추수를 할 때도 구석에 있는 낱알갱이까지 전부 주워가려고 하지 말라고 하잖아요. 철저한 제도를 통해서도 하나님의 사랑을 드러낼 수 있지만, 그것만으로는 할 수 없는 거죠. 그래서 하나님도 "너희들 속에 가난한 자는 언제든지 있을 거야"라고 말씀하시는 거라고 봐요.

그런데 솔직하게 말해서, 진보를 표방하며 사회가 좋아져야 된다고 개선돼야 된다고 하는 사람들도 개인적으론 인색해요.

박_ 저는 제 스스로가 장애를 가지고 살아가는 것, 그것조차 하나님의 선하신 계획 가운데 있다면 그것은 뭘까에 대해서 치열하게 고민하고 기도하며 살아왔거든요. 그런데 제가 장애가 없다고 해서 지금의 내가 보다 더 완성돼 있을까, 라고 질문해봤을 때, 그렇지는 않다고 봐요. 장애가 있었기 때문에 볼 수 있는 게 있으니까요.

<지선아 사랑해>와 <꽤 괜찮은 해피엔딩>의 작가 이지선씨가 모교인 이화여대 교수로 부임하면서 뉴스부터 예능까지 여러 매체의 주목을 받았잖아요. 그런데 계속 매스컴선 여전히 이지선씨 이름 앞에 '역경을 딛고', '화상을 이겨내고' 등의 수식어를

붙이더라고요. 저는 이러한 수식어가 '장애'에 대한 사회적 시선의 단면을 보여주는 게 아닌가 싶어요. 사실 장애라는 게 '딛을 수 있거나' 혹은 '이겨내면 없어질 것'도 아니고, 이지선씨가 미국에서 박사 과정을 최선을 다해 이수하고 자신의 실력으로 교수로 부임했는데 그 노력보다 장애에 더 중점을 두는 느낌을 받아요.

홍_ 장애를 극복한 사람을 높게 평가하는 것, 그걸 가지고서 시비를 걸 필요는 없다고 생각해요. 그저 내가 흔들리지 않으면 되는 거겠죠. 누구에게나 자기의 내재된 가치관을 찾아가는 게 과제라고 봐요. 가령, 큰 교회에 가서 말씀을 전한다고 목회자의 가치가 높아질까요? 전혀 아니죠. 그렇게 생각하면 참 불쌍한 거예요.

그런 면에서 기독교는 큰 대안이라고 생각해요. 세상 사람들이 어떻게 평가하든 상관없이 '하나님은 나를 어떻게 보시는가'가 중요하니까요. 내가 어떤 상황에 있든, 하나님과의 관계 속에서 나의 가치를 찾는 것. 그 믿음이야말로 사람을 흔들리게 하지 않는 중요한 부분 같아요.

그런데, 과연 교회가 여태까지 그러한 믿음을 주고, 또 그것을 키우는 역할을 잘 해왔는가를 떠올려보면, 그렇지 않다는 거죠. 어쩌면 교회는 계속 쉬운 길을 택해온 거죠.

소_ 쉬운 길이라는 말이 되게 와닿습니다. 교회에서는 가장 쉬운 방식으로 가르치고, 교인들 역시 원하고 있고, 어떻게 보면 서로의 니즈가 맞은 것 같기도 해요. 뼈아픈 현실이죠.

홍_ 제가 참여하는 독서 그룹에서 한 목회자가 "장애인과 비장애인이 어울려서 한 교회의 울타리를 만들어 나가면 얼마나 좋을까"라는 이야기를 했어요. 그런데 제가 그런 얘기를 들을 때마다 솔직히 하는 소리가 있어요. "교회에 휠체어 타고 열 명만 나와 봐라. 그래도 반갑다는 소리가 나올까? 그 다음 주일엔 시각장애인이 온다면?" 내가 봐도 그래요. 휠체어 탄 사람 열 명을 보면 "아이고, 저 사람들 어떻게 하나. 저 인생은 어떻게 하면 좋아." 그러지 않겠어요? 그런데 장애인하고 비장애인이 자연스럽게 어우러지는 것? 웃기지 말라고 해요. 그래, 내 믿음의 한계는 딱 10명까지지. 그렇게 생각하는 게 정직한 거예요. 저도 다른 장애를 가진 장애인들을 보면 '아이고, 저 사람은 어떻게 사냐' 할 때가 있다니까요. 저도 장애인인데도 말이죠.

그것을 가지고 속물근성이라고 정죄하기는 어려워요. 하나님께서 그들 마음속에서 마음을 다스려주시기를 기도할 수밖에 없는 건데… 너무 나이브하게 생각하는 사람들이 있는 게 사실이에요. 인간은 결국 인간이잖아요.

독일에 있을 때 어떤 독일 거지가 식사 때만 되면 냄새 풀풀 풍기면서 교회에 와가지고 앉아 있더군요. 몇 주는 그냥 생각도 없이 "그래 그냥 우리 먹는 밥 드려라" 했어요. 교회 구성원이 한 70여 명 됐거든요. 먹을 거야 넉넉했으니까요.

그런데 몇 주 지나면서부터 고민이 되는 거예요. 이 친구랑 예배도 드리자고 해야 되나? 혹시 또 우리들의 마음을 악용해서 자꾸 도와달라고 하는 건 아닐까? 한 번 상상을 해보는 거죠. 우리가 밥 같이 먹자고 하는 걸 이 친구가 좋게 생각하며 다른 친구들도 불러온다면? 그 때부터는 상황이 꽤 복잡해지는 겁니다.

그러니까 제가 말하고자 하는 이야기의 요점은 이거예요. 가난한 자에 대한 나의 생각에는 분명, 한계가 있다는 겁니다. 딱 거기까지란 말이죠. 그게 솔직한 얘기 아닐까요?

소_ 방금 목사님이 말씀하신 것처럼, '한계'를 인정하는 것도 매우 중요해 보이네요. 우리가 아주 막연하게, '교회라면 마땅히 이러이러해야 한다'는 추상적이고 비현실적인 당위를 품을 때도 많잖아요.

박_ 예, 이 또한 칼로 두루 자르듯 이러이러해야 한다는 식으로 해결할 부분은 아니라는 생각이 듭니다.

홍_   우리는 우리의 한계 속에 있을 뿐이지 누구에 대해서 뭐라고 얘기할 자격은 없다는 거예요. 우리는 모두 철저히 자신의 한계 내에서 "내가 낫네, 너가 낫네" 하고 있는 셈이이니까요.

결국, 누구에게도 자기를 아끼지 않고 내놓을 수 있는 양반은 예수님밖에 없는 거죠(웃음).

마지막 대화를 마치며
확고부동한 진리 같은 걸
우리가 붙잡은 건 아니었다.

그러나 우린 어쨌거나 '대화했고'
서로를 '존중'했으며

대화를 거듭하며
어떤 식으로든 깊어졌다.

'야, 성훈아. 미안하다.'

홍성훈

아마, 내가 독일 카셀로 부임한지 얼마 되지 않아서일 것이다. 한국의 한 친구가 뜬금없이 전화를 했다. 그러더니 다짜고짜 "야, 성훈아. 미안하다"고 했다. 어이가 없어서 이유를 물어보니, 자기가 속한 노회에 문제가 생겨서 수습위원으로 어느 교회에 갔는데 문득 내가 생각나서 그 교회의 장로님에게 간곡하게 나를 소개했단다. 그런데 한참을 듣던 그 장로님이 이렇게 말하더란다. "목사님, 목사님이 그리 간곡하게 설명하시는 걸 보니 저는 목사님의 말씀대로 그 목사님을 우리 교회에 모셔도 되겠다고 믿어집니다. 그런데, 교인들에게 그 목사님이 장애를 가진 분임에도 우리 교회에 딱 맞는 분이라고 설득할 자신이 없습니다."

이 이야기를 처음 듣고서는, "이 새끼가 그런 말을 들었으면 차라리 말이나 하지 말지, 왜 굳이 그런 말을 전하는 거냐"고 그 친구에게 욕을 대뜸 했다. 그러나 얼마 후, 얼마나 답답하고 미안하면 이렇게 전화까지 하는가 하고 그 마음을 헤아리고선, "고맙다. 그래도 계속 나 좀 좋은 데로 소개해줘" 하고 전화를 끊었다.

한국의 상황에서 장애인으로 산다는 것, 더욱이 목사로 산다는 것이 결코 쉽지 않다. 강도사 고시에서 장애인이라 인허가 어렵다는 이유로 '인허보류'의 상태로 살던 때, 이 소식을 들은 친구의 아버님이시자 은 사이셨던 한 교수님께서는 몇 년 전에도 그런 일이 있었는데, 그 제자가 미국으로 가서 목사 안수를 받았다며 미국으로 갈 마음은 없느냐고 물으신 적이 있었다. 그 때 나는, 이 문제는 피해서 해결할 문제가 아니라 기도하며 부딪쳐 뚫고나갈 일이니 미국으로 피하지는 않겠다고 단호하게 말씀드렸다. 그러나, 그 때의 내 각오가 용기였는지, 오기였는지, 간단하게 정리할 수는 없다. 어쨌든 나는 일 년 반의 세월 동안 단지 금식과 기도로 하나님과 대면하기에 전념하였고, 많은 사람들의 위로와 도움 가운데 마침내 목사 안수를 받을 수 있었다. 그렇다고 진짜로 문제가 완전히 해결되지는 않았다. 그 이후로 나는 긴 시간을 청빙 받을 곳이 없어서 스스로를 '성대를 제거당해서 짖지 못하는 개 신세'라고 칭하며 살아야 했다.

그런데 하나님의 섭리는 지금까지도 신비롭고 놀라와서, 내 속에 쌓인 울분과 한은 실로 생각지도 못한 곳에서 '해결'된 것 같다. 공부에 관심이 있었고, 한국 교회의 장래를 궁금하게 생각하던 내게 유학의 길이 열렸고, 마침내 네덜란드에서 공부를 하게 되었다. 그리고 그 공부 기간

내내 조국의 교회 앞날을 고민하던 내게 목회의 기회가 주어졌다. 그리고 그 기회는 유학을 와서 불확실한 장래를 안고 젊음을 불태우던 젊은이들과 연결되었다. 처음에는 그들의 처지에 대한 연민으로 시작했으나, 오랜 시간이 지나면서 내가 맡은 일이 실은 나 자신의 상처를 치유하는 길이었음을 깨달았다. 그들의 처지에 대한 연민이 내 속에 묻혀 있던 불을 끄집어내어 이 일에 자신을 사르게 하면서, 동시에 내 속에 응어리진 상처들을 녹여가고 있음을 깨달았던 것이다. 나는 이것을 놀랍고 신비한 하나님의 섭리라고 믿는다. 내가 어찌어찌 하여 그러고 저러한 교회에 부임했더라면, 아마 나는 이러저러한 일로 인해 부딪치고 다치면서 내 안의 응어리들을 해결하기는커녕 더 많은 상처를 쌓았을 것이다.

　　장애든 가난이든 무엇이든, 그것을 즐거이 선택하고 이 세상에 태어난 사람이 어디 있을까. 그것은 불편하며, 억울하며, 극복하기 힘든 짐이다. 이것을 부여잡고 사는 것도 어려운데, 그러느라 고단하고 황폐해진 마음과 정신의 상흔들이 더욱 그 자신을 힘들게 한다. 그럼에도 세상은 무정하게도 그의 비뚤어지고 거친 성격을 지적한다. 나 역시 그랬다. 내 평생 가장 견디기 어려운 지적은, "몸도 불편한 것이 성질도 더럽다"는 말이었다. 그런 말을 듣지 않으려고 얼마나 애를 썼는지… 세상은 왜 이리 어려운 사람에게 더욱 야박스러울까. 공평하지 않은 환경을 이기기 위해 거칠어진 사람을 좀더 너그럽게 품어줄 수 없을까?

어쨌든 나는 감사하게도, 하나님께서 인도해주신 이곳에서 내가 가진 모든 것을 통해 주어진 영혼을 섬기면서 동시에 스스로를 치유할 수 있었다고 믿고 있다.

그럼에도 불구하고 난 바란다. 가산점이나 특혜까지는 바라지도 않으니, 최소한 공평하게 편견 없이 평가해 주었으면 좋겠다는 마음이 그 것이다.

공동체는 과연 고백과 기쁨의
환호성으로 채워지는가?

홍성훈

*필자 설명: 아래 글은 코로나 기간 가정에서 예배를 드리는 교인을 위해 작성했던 글 가운데 하나이다.

요한복음 17장은 크게 보아 예수께서 유월절 전날 저녁 제자들과 마지막 식사를 나눈 후에 기도하시는 중에 꺼내신 말씀을 모은 것입니다. 17장 전체는 당신께서 이 땅을 떠난 후에 남을 제자들을 하나님께 의탁하는 내용입니다. 이 내용이 얼마나 간절한지, 사람들은 이 부분을 (제자들을 위해 하나님께 중보하는) 제사장의 기도라고 일컬을 정도입니다. 오늘의 본문은 그 기도의 서두입니다.

서두에 나타나는 우리 주님의 기도는 아주 단순합니다. 아버지 하나님께서 당신을 높여서 하나님 자신의 권세를 주셨는데, 그 결과로 하나님 아버지께서 자신의 백성을 당신에게 주셨다는 것입니다. 말하자면,

예수님과 제자의 관계는 결정적으로 하나님께서 당신의 계획과 권세로 맺어주신 것입니다. 즉, 하나님 아버지는 그 아들 예수님에게 영생에 이르는 유일한 권세를 허락하셨고, 하나님 아버지는 동시에 당신의 백성을 아들 예수님에게 주셔서 그 아들로 하여금 당신의 백성을 영생으로 인도하게 하셨다는 것입니다. 하나님의 백성은 예수님이 하나님의 아들이시며, 영생으로 가는 유일한 길임을 알아봅니다. 무엇보다, 백성들은 예수께서 십자가의 고난과 죽음과 부활을 통해서 아버지가 부여한 임무를 완수한 사실을 보고서, 예수님이 하나님의 아들로서 이런 권세를 부여받았음을 알게 되었습니다.

예수님은 자기에게 주어진 백성들에게 하나님 아버지의 말씀을 전하셨고, 백성들은 자기들이 듣는 그 말씀이 하나님 자신의 말씀임을 믿습니다. 이 믿음이야말로 그들이 하나님의 백성임을 증명하는 아주 큰 증거입니다. 그러므로, 예수께서 이 세상을 떠나면서 당신의 백성을 위하여 기도할 권리가 있습니다. 그들이 곧 하나님 아버지 자신의 백성이기도 하기 때문이고, 하나님께서 아들에게 주신 백성이기도 하기 때문입니다.

그러면, 우리 주님께서 당신의 백성을 위해서 아버지께 간구하는 내용은 무엇일까요? 본문 11절 후반부를 봅시다. 예수께서 이렇게 기도하십니다. "거룩하신 아버지여 내게 주신 아버지의 이름으로 그들을 보전하사 우리와 같이 그들도 하나가 되게 하옵소서." 사실 우리는 이 부분을 가장 유의해서 보아야 합니다. 즉, 예수님의 소원이자 유언이자 기도

제목이 여기 있습니다. 내가 지금 당신께 가오나 남은 자들을 위해 기도합니다. 이들로 하여금 하나가 되게 하옵소서! 하나 되는 것이 이 세상에 우리를 남겨 놓고 가장 간절하게 바라시는 소원이자 기도제목이었다는 사실, 이 사실을 여러분은 어떻게 생각하십니까?

사실 저는 이 말씀과 관련하여 아주 어려운 말과 자세한 설명을 덧붙이고 싶지 않습니다. 사람이 자기가 사랑하는 사람들에게 마지막으로 말할 기회가 주어졌다면 평소에 가장 중요하다고 생각했던 부분을 언급할 것입니다. 바로 이런 비슷한 상황에서 예수님께서 당신의 백성들을 위해 하나님께 기도하십니다. 그 기도에서 당신의 백성들이 하나 되기를 위해 기도하신다는 것입니다! 아주 단순히 말하자면 '성도의 하나 됨'은 적어도 우리 주님의 관점에서는 유언으로 남길 정도로 중요한 문제였습니다. 이 이후의 기도를 유심히 살펴보면 우리 주님은, 세상 사람들이 당신의 백성들이 하나 되는 것을 통해서 그들이 하늘에 속한 자들인 것을 알게 될 것이라 말씀하십니다.

이렇게 말하자면 '하나 됨'이 고상하고 고결한 그 무엇인양 느껴질 것입니다. 하지만 현실은 그렇지 않습니다. 각자 살아온 배경이 다르고 따라서 생각의 결도 가치관도 각색입니다. 취미와 기호도 다릅니다. 그런데, 악마는 디테일에 있다는 말이 있지요? 우리는 민족과 우주의 미래를 놓고 싸우지 않습니다. 내가 싫어하는 것을 내 친구가 좋아한다는 사실 때문에 잠이 오질 않고, 내가 좋아하는 그것을 내 형제가 미워하기 때문에 죽고 싶을 정도로 밉습니다. 손가락 밑의 작은 가시 때문에 귀중한 내 생명이 빨리 끝나길 바라는 것이 바로 우리 인간인 것이지요. 이런 사람들이 교회에 한 공동체에 앉아 있습니다! 그래서, 때로는 저 사람만 우리 교회 안 나오면 내 신앙생활이 마냥 즐거울 텐데… 하는 안타까움을 갖고 있기도 하지요. 어쩌면 지금 내 공동체 누구의 기도 가운데 가장 괴롭고 큰 제목이, "어느 누가 나를 괴롭히는 것을 해결해 달라"고 하는 것일 수도 있겠어요.

하나를 만들어가는 공동체는, 때문에 형제와 자매를 사랑한다는 고백과 기쁨의 환호성보다는, 사랑하여야 할 그/그녀를 사랑할 수 없어 탄식하는 한탄과 통곡으로 채워졌을 가능성이 있습니다. 하지만 우리는 알아야 합니다. 바로 이 탄식할만한 상황을 우리 주께서 이미 경험하셨고, 이 어려운 상황을 이미 예측하셨으며, 이 상황을 위해 이미 기도하고 계셨다는 사실 말입니다. 또한 우리는 이 사실을 믿어야 합니다. 주께서 마지막 시간까지 이런 우리를 위해 기도하셨으므로 이 문제는 반드시 해결될 것이라는 사실 말입니다.

우리가 지금 힘들게 대면하고 있는 코로나 19 바이러스를 보십시오. 우리가 그렇게 타인과 접촉하지 않으려 해도 바이러스는 언제 어디서든 우리를 향해 다가옵니다. 우리가 아무리 애를 써도 타인과의 접촉 없이는 살아갈 수 없는 존재라는 사실을 오늘의 사태가 너무나도 분명하게 가르쳐 주고 있지 않습니까? 우리는 함께 살아가야 합니다. 하나님은 '나'가 아닌 '우리'를 부르셨습니다. 이것이 우리의 정체성이라면, 우리는 반드시 이 문제를 대면해야 합니다. 이 사실을 인정하는 신자는 아울러 또 하나의 사실도 기억해야 합니다. 우리가 하나 되는 것은 오직 그 분 때문에 가능합니다. 예수께서는 온갖 울타리로 인해 나뉜 우리를 하나로 불러 세우기 위하여 십자가에 달려 죽으셨습니다. 십자가는 우리를 유대인과 이방인, 남자와 여자, 장애인과 비장애인, 가진 자와 없는 자, 배운 자와 못 배운 자… 등등으로 나누는 모든 울타리를 무너뜨린 상징입니다. 그 십자가 때문에 우리가 하나 되어 있습니다.

마지막으로, 기도하는 법과 관련한 글 하나를 소개하려고 합니다. 우리에게도 잘 알려진 종교개혁자 마틴 루터의 글입니다.

사랑하는 페터,
기도하는 방법을 알려준다고 했는데, 이제야 글을 보내네. 이 편지는 내가 평소에 기도하는 방법을 쓴 것이니, 우리 주님께서 자네를 비롯한 모든 사람이 기도를 더 잘할 수 있길 바랄 뿐일세! 아멘.

가장 먼저 해줄 이야기는, 잡생각이 들고 심란해서 기도할 마음도 들지 않을 때 기도하는 법이네. 우리의 육신과 마귀는 온갖 방법을 동원해 기도를 방해한다네. 이럴 때가 오면, 난 그 즉시 간단한 시편이라도 집어 들고 골방으로 들어가든지, 교인들이 모여 있는 교회당으로 뛰어가 시간이 허락하는 한 거기서 시간을 보낸다네. 그

때, 십계명, 사도신조로 시작해서 주기도문을 구절구절 묵상한다네. 더 시간이 주어지면, 바울 서신과 시편을 읽는데, 이때 중요한 건, 어린아이처럼 또박또박 소리 내어 읽어야 한다는 점일세.

무엇보다 좋은 습관은 아침에 깨어나 기도로 하루를 시작하고, 밤엔 잠자리에 들면서 기도로 하루를 마무리하는 것이네. 이때 매우 조심해야 할 것이 있는데, 이런 잘못된 생각일세. '아, 이거 마치는데, 한 시간도 안 걸릴 텐데, 이거 끝나고 기도할까!' 이런 생각이 결국은 다른 일에 정신을 쏟게 해서 기도를 멀리하게 만들고, 그날 기도를 아예 못하게 만든다네.

기도만큼 중요하거나 더 중요한 일이라고 생각되는 일이 갑자기 생길 수도 있겠지만, 사실 기도만큼 급하고 중요한 일이 또 어디 있겠는가? 성 히에로니무스가 이런 말을 말한 적이 있는데, 한 번 들어보게나. "신자가 하는 일은 뭐든지 기도다." 또 이런 말도 있지. "성실하게 일하는 사람은 기도를 두 배로 하는 것이다."

<마르틴 루터, Wie man beten soll: Fur Meister Peter den Barbier, in: WA 38, 358ff. (번역 최주훈 목사)>

장애인과 (한국)교회

홍성훈

유엔의 통계를 따르면 대부분의 사회에서 장애인이 차지하는 비율이 대략 10퍼센트 내외라고 알려져 있다. 이것을 근거로 하여 우리나라 교회를 보면, 이상할 정도로 장애인의 모습이 교회 안에서 보이지 않음을 깨닫게 된다. 물론, 장애인이라고 해서 모두가 지체장애인은 아니다. 그러니 장애가 모두 외관으로 식별되지 않을 것이다. 겉으로는 차이를 느끼지 못하더라도 그 가운데는 정신지체인이나 시각장애인도 있을 것이다. 그러니, 외관상으로만 교회 안의 장애인 비율을 따지는 것은 불합리할 것이다. 그럼에도, 지체장애인의 입장에서만 교회를 보더라도 장애인이 여러 가지 면에서 편하게 접근하기 힘든 것만은 사실이다.

이런 상황을 이해하기 위해서는 어떤 설명이 필요하겠지만, 사실 이런 설명은 대개 설명하는 사람 자신의 관점이 개재되어 있기 때문에 필자 역시 이런 가능성을 전제하면서 몇 가지 이유를 설명해 보려 한다.

우리나라에서 기독교회의 전파 과정을 살펴보면, 눈에 띌만한 한 가지 사실을 발견한다. 즉, 해외에서 파송되어온 선교사들이 교파를 불문하고 서로 교류를 가졌으며, 심지어 함께 수련회 같은 모임을 가졌다고도 한다. 이 때 그들은 하나의 전략적 합의를 가졌는데, 그것은 조선 반도 전체를 교단별로 나누어 각 지역을 전도하기로 한 것이다. 이 때문인지 우리나라는 지역별로 특정 교단이 강세를 이루고 있는 현상을 오늘날까지 볼 수 있다. 또 하나는, 교단별로 전략상 약간씩의 차이는 있지만, 선교사들이 여전히 영향력을 행사하던 우리나라 초기 교회가 소외 계층을 주요한 전도대상으로 정했다는 사실이다. 나는 이런 사실들이 우리나라 초기 교회가 이 땅에 확고하게 정착하고 빠르게 성장하는 데 큰 기여를 했다고 믿는다.

그러나 우리나라 교회는 해방 후 혼란한 사상적 갈등과 한국 전쟁, 그리고 군사 정변 이후 행해진 경제개발 등의 여러 요인으로 인해 온 나라가 급격한 변동의 시대를 맞았고, 이로 인해 우리 사회를 구성하는 모든 계층이 혼돈에 빠지게 되었다. 이 불안한 정세 안에서 교회는 상상하기 어려운 숫자적 부흥기를 맞게 된 것이다. 나는 한국 교회가 이런 급격한 규모의 성장을 누리는 가운데 점차 소외 계층에 관한 관심을 잃었다고 본다. 의자만 들여놓아도 늘어나는 교회가 굳이 전도하기 까다롭고 부담스러운 소외 계층에까지 관심을 기울일 필요가 있었겠는가. 늘어나는 교인을 담기도 버거운 상황에서 한 명 이상의 자리가 필요한 장애인 자리, 거기에 몇 명만 쓰는 장애인 화장실, 경사로 같은 시설 등은 당시 우리 사회를 지배하던 효율성과는 거리가 먼 부분이었다.

한마디로, 장애인은 교회에 속칭 돈이 안 되고 투자 대비 효과도 별로인 존재였다고 해도 과언이 아닐 것이다. 이렇게 가성비 별로인 장애인은, 교회에 있어 가끔 교인의 마음을 흔드는 간증을 위해서나 존재의 필요가 있었지 않았을까 싶다. 그렇게 척박한 환경에도 불구하고 여전히 그 자리를 버티면서 장미꽃을 아름답게 피워내는 장애인이 과연 어디서 그렇게 존재할 수 있었는가에 관해서는 전혀 관심도 없으면서. 냄비처럼 빨리 끓던 우리 교회는 그만큼이나 빨리 식고 있는 것 같다. 이제는 예전의 방식으로 성장은커녕 현상 유지도 어렵게 보일 정도다. 흔히 표현하는 대로, 교회는 지금 인식의 대전환 시대를 맞고 있는 것이다.

존재의 목적도, 방법도, 처음부터 다시 시작해야 한다! 그래야 그나마 희망이 있다. 그래서 성경으로 돌아가야 하는 것이다. 성경이 가난하고 병들고 억눌리고 그래서 억울한 사람들, 남편이 없는 과부와 같이 의지하고 도움을 받을 곳이 없는 사람들에 대해 어떻게 말하고 있는지 살펴보라. 가나안에 들어가 무상으로 땅을 누리며 살도록 허락하신 하나님께서 그처럼 어려운 이들을 위해 얼마나 철저하고 집요하게 대책을 마련하시고 그것을 준수하라고 엄명하셨는지. 이런 정신이 교회에 없다면, 과장하여 말하지만 결코 교회가 아니다.

장애인은, 내가 베풀 수 있어 뿌듯하도록 해주는 존재가 아니다.

내가 하나님의 명령을 준수할 수 있고, 그래서 내가 하나님을 대신하여 하나님의 일을 할 수 있게 되었고, 그래서 내 안의 하나님의 성품을 드러낼 수 있도록 해주어서 고마운 존재이다. 하나님은 장애라는 장벽을 무너뜨리고 하나 되어 그리스도 예수의 십자가가 목적한 그것을 실현하여 마침내 하나님의 나라 공동체를 만들어 보이기를 기대하신다.

다시 말하지만, 이것은 효율의 문제가 아니다. 시혜의 문제도 아니다. 그리스도 예수의 삶이라는 안경을 통해서 '세상을 따라서는 차별해도 좋을 장애인을 동등한 형제와 자매로 바라보는 관점의 변화'를 요구한다. 사랑의 공동체는 그 안에서 가장 약하고 부족한 사람이 중심이 된다. 그래야 진정한 사랑의 공동체가 된다. 가장 약한 자가 불편하다면 그걸 해결하기 위해 모두가 머리를 싸매고 고민해야 한다. 차별이 느껴진다고 한다면 모두가 얼싸안고 서로를 용납하기 위해 통곡이라도 해야 한다. 마지막으로, 필자가 가장 좋아하는 한 문장을 소개한다.

"우리 안에 자비와 사랑이 있네. 거기에 하나님이 계시네."

우리들의
마지막 이야기

. . .

우리는

대화하며

열 번쯤은 만나야 틈이 생깁니다

얼마나 달라졌을까?

우리들의 마지막 이야기

작은 매듭을 지으며…

• • •

소_ 반년 가까운 시간 동안 대화를 나누며, 대화를 나눈 주체였던 저희들은 얼마나 달라졌는지 이야기 나누고 싶었습니다.

우선 '소재웅'이란 존재는 무엇이 달라졌을까? 한 번 생각해보았습니다. 우선 가장 달라진 건 장애인을 향한 '거리감'에 대해서 제대로 고민하기 시작했다는 겁니다. 장애인들은 내게 너무 먼 존재도 아니고, 그렇다고 '내가 다 알고 있다'라고 할만한 '가까운 존재'도 아니라는 거죠. 더불어 장애인들을 '의도적으로 멀리해서는' 안 되며, 반대로 단순한 동정심이나 시혜적인 마음으로, 순전히 자기만족을 위해서 '인위적으로 가까이 해서도' 안 된다는 겁니다.

홍_ 이해하실지는 모르겠습니다만, 저는 이 책을 위해 여섯 달을 만나 이야기를 나누면서 비로소 장애라는 주제에 관심을 가지게 되었습니다. 저는 누가 봐도 장애인이지만, 솔직히 장애라는 주제를 그리 심각하게 생각하지 않았거든요. 삼십 년 전 제가 목사 안수 문제 때문에 장애라는 주제를 아주 심각하고 진지하게 생각해본 적은 있습니다. 하지만 그 이후 저는 제게 닥쳐오는 장애의 현실을 놓고 그게 어째서 그리 생각할 일인가 하고 질문하는 데 전력을 다했을 뿐이에요. 사람들은 나를 장애와 연결하여 인식하지만 정작 저는 그게 왜 문제이고, 그래서 그게 왜 내가 하고픈 일을 가로막아야 하는가 하는 문제에만 집중했다는 겁니다. 성경이 장애를 문제가 아니라고 한다면, 당신들이 나와 장애를 연결하여 나의 존재를 평가하는 것이 정말 신학적으로 정당한 일인가? 이 질문으로 인해 장애라는 주제 자체는 어느덧 내 관심에서 멀어지고 말았던 거죠.

소_ 아, 정말요 목사님? 이 대화를 통해 비로소 장애라는 주제에 관심을 가지게 되셨다는 게 한편 놀랍네요.

홍_ 예, 정말 그러했어요(웃음). 그런데 그런 이의 제기는 막상 목회자로서의 길에 접어들어, 예컨대 교인을 심방할 때서야 어떤 결론 비슷한 것으로 연결되었어요. 제가 일하던 교회는 월곡동 시장 근처에 있었는데, 교인들의 집이나 가게에 유난히 계단도 많고 비탈도 많았거든요. 그렇게 헐레벌떡 심방할 교인 집에 들어설 때 대문을 들어서는 제 모습을 보는 교인 마음에는 자기를 위해서 복을 빌러 온 저에 대한 반가움이나 고마움보다 더 강한 질문이 들 수밖에 없겠다는 깨달음이 확 다가온 겁니다. '아이고 이거 누가 누구의 복을 빌어주어야 하나' 하는 질문이었겠죠. 저는 제 나름 소명으로 알고 이 일을 하려고 하지만, 장애를 입은 나를 보는 사람은 보통 제가 복을 비는 입장이라고 생각하지 않는다는 사실을 그제서야 인정할 수밖에 없었던 거죠.

그런데 이상한 것은 그 무렵의 그 깨달음은 그 몇 년 전의 느낌과 전혀 달랐다는 거예요. 그 다름이 어디에서 온 걸까, 저는 궁금했습니다. 그 궁금증을 풀기 위해 무던히 노력했고, 나름 이유를 찾았죠. 어떤 이유로든 목회자로서의 길에 접어들기 전에는 제가 지닌 장애를 인정하거나 의식하는 걸 거부했지만 목회자의 길에 접어들고서는 장애를 있는 그대로 인정하거나 의식하거나, 심지어 장애인이니 이해해 달라는 이야기까지도 스스럼없이 하게 되었습니다. 이런 변화가 가능했던 가장 큰 이유는 제가 교인들과 어떤 관계를 맺으며 살아가게 되었다는 거예요. 그럼에도, 저는 제게 일어난 이런 변화에 관심을 거의 기울이지 않았던 것 같습니다. 그런데 이번 대담을 통해서 저의 변화된 모습을 공개적으로 말하기 시작한 거죠.

돌아보면 저는 기회 있을 때마다 이렇게 이야기하곤 했어요. "장애인의 문제는 장애인 자신이 말하는 것이 가장 좋다." 이 말을 실현하기 위해 저는 장애인이 외국에서 공부할 수 있는 환경과 정보를 알리거나 돕는 일을 계획하기도 했고요. 그런데 이번 대담집을 만들기 위해 장애를 주제로 여섯 달이나 생각을 정리하고 이야기를 나누다가 장애를 열심히 이야기하고 있는 자신을 보게 된 거죠. 그래요, 저는 이 대담집이 제 스스로에게도 하나의 시작을 의미한다고 생각하게 되었습니다. 그리고 다짐하게 되었어요. 이제는 나도 장애를 이야기 하겠다고 말입니다.

박_ 어쩌면 이 대화가 목사님에게 또 하나의 새로운 물꼬를 터준 느낌이네요.

홍_ 예, 그런 셈이기도 하죠. 물론, 두어 번 말씀 드린 것처럼 저는 장애에 관하여 처절하고 비장한 이야기를 되도록 하지 않을 겁니다. 장애가 무언지, 어떤지를 이야기하기 보다는, 장애가 내 몸의 일부처럼 평생 동거한 결과로 생성된 나 자신을 이야기 할 것입니다. 그 이야기 가운데서 청자들은 장애의 흔적을 보게 될 겁니다. 저는 그것이 두렵지 않아요. 궁극적으로는 그 장애를 내게 허락하셔서 지금의 내 모습을 만들어 가신 하나님의 선하심을 믿기 때문입니다.

박_ 저는 이 자리가 장애 또는 전혀 예상하지 못한 어떤 사건들을

허용하셔서 지금의 내 모습을 만들어 가신 하나님의 선하심을
마음 편히 이야기할 수 있는 자리라서 좋았어요. 그리고 그런
생각이 바로 자동적으로 장착되는 것이 아니라는 것, 정말 오
랜 고민과 어려움을 겪은 후에야 고백하게 되었다는 것을 나눌
수 있어 더욱 좋았죠. 그런 과정을 거친 것이 저 뿐만이 아니라
는 것을 알게 된 것이 큰 위안이에요.

사실 처음 우리가 대화를 시작할 때는 이 대담이 이 정도까지
흘러올지 생각하지 못했어요. 처음 홍 목사님께 같이 "책을 엮
으면 좋겠다"고 이야기 하면서도 '독일에 살다온 두 장애인이
한국 사회에 건넬 수 있는 말' 정도로 생각을 했었거든요. 그리
고 그 말을 가장 잘 정리해줄 수 있는 분이 소재웅 작가님일 것
같아서 손을 내밀었고요. 그런데 그동안의 시간이 장애와 불편
함을 넘어선 이야기를 나눌 수 있는 시간이어서 좋았어요.

소_   저도 여기까지 흘러올 줄은 몰랐습니다(웃음).

박_   그렇죠(웃음). 소재웅 작가님이 경험하신 수용의 시간들도 저
      희가 장애를 받아들여가거나 장애와 평생 동거해가는 경험과
      다르지 않다는 것을 알게 되어 좋았고요. 함께 대화를 하면서
      결국 내 삶의 문제는 장애의 문제라기보다, 인간이라면 모두
      경험하는, 유한한 인간이기에 나의 유한함을 받아들여가는 과

정이라는 걸 생각하게 되었어요.

저는 첼리스트가 되기 위해 독일로 가서 공부하던 중에 손을 다쳐서 진로를 바꾸게 되기도 했고, 몇 년 전 큰 충격을 경험하면서 불면증 끝에 당뇨를 얻기도 했어요. 그 이후 자주 쓰러져서 검사를 해보니 메니에르병이 있는 것을 알게 되기도 했고요. 어릴 적에는 '도대체 왜 나는 이런 인생을 살아야 하나?' '남들이 하나 정도 경험할 일을 왜 이렇게 자주 경험하게 되나?' 하는 생각을 자주 하기도 했어요. 그런데 지금은 그것이 얼마나 자기중심적 사고였는지 깨닫게 됐죠. 어떤 일이든 제 인생에 벌어질 수 있고, 무슨 사건이든 만날 수 있다는 것을 인지한 후로는 다양한 상황에 직면할 때 받아들이는 마음이 좀 다르게 된 것 같아요. 나보다 누군가 더 힘들거나 덜 힘든 게 아니라, 각자가 만나는 상황이 100% 힘든 일이고, 또 각자만 겪어낼 수 있는 일들이라는 생각을 해요.

소_ 저의 경험도 무언가 박송아 선생님에게 '작은 영감'을 드린 거 같아서 감사하네요.

박_ 그럼요!(웃음). 전 무엇보다 이번 시간을 통해 두 분을 더 깊이 알게 되어 좋았어요. 스무 살에 만나 제게 많은 영향을 주신 홍 목사님이 늘 그리웠는데 이렇게 정기적으로, 그것도 한국에서

(이것은 기적!) 자주 뵐 수 있었던 것도 좋았고, 수다 떨기 위해서보다는 일하느라 연락하거나 만나는 일이 잦았던 소 작가님과 깊은 대화를 할 수 있어서 좋았어요.

물론 어쩌면 이런 깊은 시간을 통해서도 우린 서로에 대해 단편적으로만 이해했을 거예요. 같이 울거나 웃고, 또 화내면서 동감했지만 완전히 공감하지는 못했을 거고요. 그럼에도 불구하고 만남을 통해 조금 더 알아간 시간이 너무 귀하다는 생각을 해요. 이 시간을 통해 셋이 만남을 시작했으니, 앞으로 더 깊은 만남을 이어갈 수 있을 것 같아 기대도 돼요.

홍_ 저는 마지막으로, 정해진 무엇도 없이 막연하게 한국으로 정착하기 위해 돌아온 제게 이런 기회를 주신 분들에게 감사의 말씀을 전합니다. 제가 말할 것이 무언지, 그 하나를 알려 주셨으니까요. 인내심을 갖고 제 긴 이야기를 끝까지 들어주실 독자들께 진심으로 미리 감사하며 평안을 전하고 싶네요.

소_ 저 역시 두 분께, 그리고 미래의 독자들께 '미리' 감사드리고 싶습니다.

에필로그

　　장애인. 이 명칭을 나의 것으로 받아들이기까지 쉽지 않은 여정을 통과했다. 오른 눈으로 그 무엇도 볼 수 없고, 두 눈의 시력차가 너무 커서 자주 어지럽고, 두통이 심하다 못해 구토를 하면서도 '스스로를 장애인이라고' 생각하고 싶지 않았다.

　　우습게도 초등학교 1학년 때 첫 신체검사를 하기 전까지는 세상 사람들이 모두 한쪽 눈으로만 보며 살아가는 줄 알았다. TV 애니메이션에 눈 하나로 얼굴의 절반이 가득 찬 외계인이 나오면 '하나님이라는 분은 어차피 한쪽 눈만 보이게 하실 걸 왜 사람에게 저렇게 한 눈을 크게 하시지 않고 눈을 두 개 주셨을까?'라고 생각했다.

　　어느 날, 내가 한 눈만 보이는 걸 알게 되고 세 살짜리 동생에게 "너도 한 눈만 보이지?"라고 물어본 것이 화근이었다. 아니, 누나가 세상에서 제일 소중했던 내 동생이 "응!"이라고 자신 있게 대답을 해준 후 철석같이 믿고 그 누구에게도 다시 묻지 않은 것이었다. 신체검사 날 시력검사기 앞에 선 아이들이 숟가락 같이 생긴 눈가리개로 왼쪽 눈을 가리고 글자를 읽어 내려 가는 것을 보고 머리에 지진이 일어났다.

뭐가 잘못된 거지? 왜 저 아이들은 왼쪽 눈을 가려도 글자를 읽는 거지?

어린 시절 학교에서 한쪽 눈을 가리고 양손 검지를 맞대어 보는 놀이(?)가 유행이던 시절이 있었다. 한쪽 눈을 가리면 양쪽 검지를 맞댈 수 없다 했다. 그런데 나는 오른쪽 눈을 가려도 양쪽 검지를 맞댈 수 있는 능력(?)을 가지고 있었다. 당시엔 왜 나만 그게 되는지 이해할 수 없었다. 선천적인 초능력이었으면 좋았겠지만, 알고 보니 늘 눈을 가린 것 같은 상태로 세상을 보고 있었던 나에겐 후천적으로 생겨난 초능력이었던 셈이다!

태어나서 '인지'를 하게 된 후 나는 단 한 번도 양쪽 눈이 다 보이는 삶을 살아본 적이 없다. 부모님 말씀으로는 태어나마자 병원에서 했던 검사에서는 두 눈에 다 시력이 있다고 했다는데, ABO 혈액형 부적합으로 전신교환수혈을 한 후 부작용이 생긴 것인지, 심한 신생아 황달로 적외선 치료를 할 때 시력보호 안대가 떨어져서 그랬는지 그 이유는 알 수가 없다.

두 눈이 다 보이는 건 어떤 느낌일까? 오른쪽에서 날아오는 공을 재빨리 알아차리고 머리를 맞지 않을 수 있는 시야는 어느 정도의 범위일까? 운전하다 오른쪽 차선으로 끼어들기 위해 왼쪽 눈을 중앙으로 맞추려고 고개를 완전히 돌리지 않을 수 있다면 얼마큼 더 안전할까? 3D 영화를 볼 수 있으면 얼마나 더 흥미로울까? 양쪽 눈이 다 보이면 정말로 화면에서 내 앞으로 상어가 튀어나오는 것 같은 신기한 경험을 할 수 있을까?

양쪽 눈이 다 보이는 것이 무언지 모르지만 왼쪽 눈을 가려보면 두 눈이 다 보이지 않는 삶을 조금 경험할 수 있다. 그래서 나의 장애에 감사한다. 시력이 없어서 아쉽긴 하지만, 도리어 시력이 없기에 이해할 수 있는 세계가 있다. 내가 모르는 삶은 양쪽 눈이 다 보이는 삶, 그리고 양쪽 눈이 다 보이지 않는 삶이다. 결국 나라는 존재는 나의 지극히 작고 주관적인 경험으로만 세상을 이해한다. 이렇게 모르는 것이 많음에도 불구하고, 아니 알 수 있는 것이 적음에도 불구하고 이 세상을 매일 살아갈 수 있다는 것은 기적이 아닐까 생각한다. 누군가를 이해한다고 하는 것이 얼마나 단편적이고 편협한 것일지, 그럼에도 불구하고 내가 이렇게 세상에서 사람들과 함께 부대끼며 살아간다는 것이 얼마나 놀라운 일인지 생각하며 감탄한다.

장애를 가지고 살아가지만 겉으로는 드러나지 않기에, 나의 눈과 관련한 사실을 모르는 사람들은 나를 비장애인으로 생각한다. 그러다 보니 어려움을 겪기도 한다. 지하철을 탈 때나 주차 할인을 위해 복지카드를 사용해야 할 때 아래위를 훑어보시는 분들의 눈빛을 느낄 때도 있었고, 실제로 복지카드 사기꾼이 아닌지 검증을 받아야 할 때도 있었다. 어떤 날엔 "장애 6등급도 주차 할인을 받나?"라며 짜증을 내시는 주차장 관리자 선생님을 만나기도 한다.

공교롭게도 이 글을 마무리하던 시기에 공연 날 부상을 입었다. 이번에는 손이 아니라 발목 부상이었다. 공연 30분 전 음향감독님께 잘 부탁드린다고 인사를 드리고 계단을 내려오던 중 실수로 허공을 날았다. 꽈당. 발목에서 우지끈 소리가 났지만 공연을 시작해야 했기에 꾹꾹 참았다. 발이 퉁퉁 붓고 바닥을 짚을 수 없어 병원에 가보았더니 인대가 완전히 파열되었다 했다.

인대는 가만히 뒤도 붙지 않기에 수술을 받았다. 단지 발목 수술을 했을 뿐인데 거동이 너무나 불편해졌다. 휠체어에 의지해야 했다. 그러나 아무리 잘 운전해도 휠체어가 벽에, 기둥에 부딪쳤다. 조금 나은 후 클러치를 짚고 뭔가를 해보려 했는데 한 손에라도 물건을 들면 아무 곳도 갈 수 없었다. 고작 한나절 클러치 생활을 했는데 손바닥에 물집이 잡히려 했다. 너무 힘든 마음에 홍성훈 목사님이 생각나 책 준비를 위해 만든 단톡방에 하소연을 했다.

"처음엔 그래. 여섯 살 땐가 처음 클러치 짚었을 때 손바닥에 물집 잡혀서 징징 울며 손바닥 껍데기 벗기던 기억이 아직도 생생하네. 여하튼 수술하면 회복된다고 그랬지?"
"네 네. 재활 다 마치면 6개월 걸린다긴 하지만 낫긴 한대요. 목사님이 너무 보고픈 하루였어요…"

2박 3일 간병해 주시던 친정어머니가 떠나시고는 드디어 생존을 위한 연습을 시작했다. 병원 생활이 길어지면서 스스로 식판을 가져다 두고, 얼음주머니에 얼음을 채워오고, 물을 받아오기 위해, 치료실에 가기 위해, 하루를 살기 위해 열심히 연습을 할 수밖에 없었다. 그래도 시간이 흐르니, 휠체어에 꽤나 능숙해졌다. 양손으로 요리조리 방해물들을 피하기도 하고 후진으로 저 멀리까지 갈 수 있었다. 클러치를 짚는 손바닥에도 굳은살이 새겨질 즈음 그제야, "스스로를 연민할 시간보다 내 앞에 있는 장애물을 어떻게 건널까에 주목하는 삶이었다"는 홍성훈 목사님의 이야기를 조금은 직관적으로 이해할 수 있었다. 나를 불쌍히 여기기엔 혼자 해결해야 해야 할 일이 너무 많았던 것이다. 열 번이나 만나는 동안에도, 각자의 장애에 대한 이야기를 나누며 공감한 줄 알았던 시간 동안에도 보행장애가 있는 홍성훈 목사님의 진짜 삶이 무엇인지, 전혀 이해하지 못했다는 걸 깨달았다.

장애인으로 사는 나의 삶에는 결국 다 좋은 것도, 다 나쁜 것도 없다. 좋은 것은 좋은 것대로 기쁘게 누리고, 나쁜 것은 받아들이거나, 털어버리거나, 울어버리는 것. 그저 내게 주어진 하루가 기적임을 기억하며 땅에 발을 디디는 것. 그리고 하루만큼의 걸음을 더 걷는 것이 내가 할 일이다.

올 한 해 내가 벌인 일들 중 칭찬해주고 싶은 일이 있다. 바로 이 책을 같이 엮자고 홍성훈 목사님을 조른 것과 우리 책을 내달라고 소재웅 작가님께 연락한 것이다. 마음속으로만 두었다면 일어나지 않았을 일이 일어났다. 여러 우여곡절이 있었지만 우리는 결국 원고를 묶었고, 나는 지금 마지막 글을 쓰고 있다. 나쁜 일이었을 수 있는 나의 장애가 만들어 낸 놀라운 기적이다.

감사하게도 1년 전쯤 손을 고칠 수 있다는 것을 알게 된 후 다시 본격적으로 연주를 시작했 다. 요즘 공연의 마지막 시간에 늘 연주하는 곡이 있다. 그 곡은 Sarah F. Adams의 Nearer, My God, to Thee, <내 주를 가까이하게 함은>이다. 이 곡은 타이타닉호가 빙산에 침몰할 때 연주된 곡이다. 2340명이 탑승했던 타이타닉 호는 구조선 부족으로 아수라장이 되었고, 그 상황 속에서 유람선 악단의 바이올리니스트 웰레스 하틀리는 이 곡을 연주하기 시작했다. 악기를 덮었던 나머지 8명의 단원들도 다시 케이스를 열었고 함께 배가 완전히 침몰하기 직전까지 연주를 이어 갔다. 아수라장이었던 배는 찬양 소리와 함께 차분해졌고, 어린아이를 비롯하여 약한 자들을 차근차근 먼저 태우고 남은 1500여 명의 사람들은 그 연주를 들으며, 조용히 합창을 시작했다. 그들은 함께 마음을 모아 찬양하며 침몰 전까지 자신 앞에 주어진 생을 끝까지 살 수 있었다.

암벽에 오르던 사람도 중간에 맥이 풀어지면
잠깐 쉬기도 한대 붙어만 있으면 괜찮아
최지인, <일하고 일하고 사랑을 하고>(2022 창비), '기다리는 사람' 중

인생길을 걷다 보면 죽을 만큼 힘든 시간들이 찾아온다. 대부분

의 사람들이 "뭐 그거 가지고 그래?"라고 하는 일이라 해도 당사자에게 그 일은 100% 힘든 일이다. 그런 시간이 찾아왔을 때 우리가 열 번 만나 나눈 이야기, 거기서부터 생겨난 틈과 이 노래를 떠올리시며 부디 마지막 순간까지 죽지 말고 살아있어 주시기를, 쉬어 가더라도 각자가 오르는 인생의 암벽에 꼭 붙어 계셔 주시기를 간절히 소원한다.

　　그렇게 각자에게 주어진 삶을 잘 감당하며 버티다 좋은 자리에서 얼굴을 마주하기를 바란다. 마침내 마주하여 각자의 아픔을, 슬픔을, 기쁨을 도란도란 이야기할 수 있으면 좋겠다.

2023년 가을

박송아

<감사의 글>

<열 번쯤은 만나야 틈이 생깁니다>라는 도서는, 다양한 분들의 관심과 애정으로 인해 탄생하게 되었습니다. 솔직히 말해, 이 책은 '베스트셀러' 혹은 '독자들의 뜨거운 관심' 같은 마케팅적인 야심과는 전혀 무관하게 시작되었습니다. 그러하다 보니, 책이 마무리되어가는 시점에 텀블벅이라는 '크라우드 펀딩' 플랫폼이 필요한 상황이었습니다.

저자를 알고 있는 지인들 혹은 장애라는 절박한 주제에 대해 마음을 쏟고 있는 분들이 이 책을 향해 마음을 모아주셨습니다. 덕분에, <열 번쯤은 만나야 틈이 생깁니다>라는 소중한 도서가 탄생하게 되었습니다. 아무쪼록 이 도서가, 마음을 모아주신 분들께 보은(報恩)의 증거물이 되기를 소망합니다.

일일이 성함을 적어서 표현하고 싶었지만, 본의 아니게 누락하게 될 경우가 발생할까봐 성함을 기록하진 않았습니다. 다시 한 번 머리 숙여 깊은 감사의 마음을 전합니다.

저자 홍성훈, 박송아, 소재웅 드림